ホイッスル！
勝利学

布施 努

WHISTLE!

ホイッスル！勝利学　目次

カバー・表紙・本文画　©樋口大輔
（カバー、第1～8章扉は描き下ろしです）
構成　山川英次郎
装丁・本文デザイン　白石デザイン・オフィス（高橋 忍）
図版製作　タナカデザイン

ホイッスル！勝利学

プロローグ――「勝つ思考」を身につけて風祭将《かざまつりしょう》になる！

『ホイッスル！』は強いチームを作る教科書

海外の選手がスポーツ心理学を使ったトレーニングを行っていることは徐々《じょじょ》に知られるようになってきました。しかし、そのトレーニング内容をオープンにしている選手は多くありません。

私が七年間アメリカでスポーツ心理学を研究している間、『ホイッスル！』は数少ない日本語の本として我が家のあちこちに置かれ、手に取られていました。アメリカでメンタルトレーニングをしながら家で読む『ホイッスル！』の風祭将《かざまつりしょう》や水野《みずの》は、まるで生きて自分の前にいる選手のように語り、苦しみ、プレーしていました。

これから、いつも私の隣《となり》にあった『ホイッスル！』の登場人物とともに、スポーツ心理学の実践的《じっせんてき》な「勝つ思考」をご紹介していきたいと思います。

桜上水中《さくらじょうすいちゅう》が「勝つチーム」へと生まれ変われた秘密

『ホイッスル！』の主人公である風祭将は、全国でも屈指《くっし》の強豪校《きょうごうこう》・武蔵森学園《むさしのもりがくえん》中等部の三軍に在籍《ざいせき》していた、ごく平凡《へいぼん》なサッカー少年でした。しかし、桜上水中《さくらじょうすいちゅう》への転校をきっかけに、そこから選手として急成長を遂《と》げていきます。

将が加入する前の桜上水中サッカー部は、毎回地区予選で敗退してしまうような弱小チームでした。ところが、水野やシゲ、不破《ふわ》、高井《たかい》、野呂《のろ》くんなどの仲間は、みんな将の熱《きもち》に巻き込まれるようにして、だんだんと〝本気の火〟が灯《とも》り、最終的にはあの武蔵森を最後まで苦しめるほど強くなります。そして将自身も、東京選抜チームのセレクションに招集《しょうしゅう》され、その一員として欠《か》かせない存在となっていきました。

では、なぜ将は短い期間でこれほど素晴らしい選手に育ち、なぜ桜上水中はそこまで強いチームへと変わることができたのでしょうか？

水野やシゲのようなチームメイトがいたからでしょうか？　松下《まつした》コーチという優秀な指導者に恵まれたからでしょうか？　あるいは夜遅くまでガムシャラに練習を重ねた結果でしょうか？

しかし、考えてみてください。武蔵森をはじめ、名監督やコーチのもと、優秀な選手がそろい、日夜練習に励《はげ》んでいるチームはいくらでもあります。

そんな中で、将を中心として桜上水中が「勝つチーム」へと生まれ変われた秘密――それは「心（メンタル）」――にあります。

「勝つための思考」を身につけ、それを実践したからこそ、彼らは周囲が驚くほどの成長を遂げたのです。

中には「でも、漫画の中のお話でしょ?」と疑問に感じる人もいるかもしれません。

たしかに、これは架空《かくう》のストーリーです。しかし、普段の練習や大事な試合に臨《のぞ》むときの心境、試合中に起こるさまざまな葛藤《かっとう》、チームメイトとの関係などは、どれをとっても現実に起こり得るものばかりです。

つまり『ホイッスル!』には、勝つチームを作り上げるために欠かせない重要なヒントが、数多くちりばめられているのです。

スポーツ心理学の専門家である私自身も学ばされることが多いだけでなく、かつて日本代表として活躍し、現在は少年サッカーチームの指揮をとる三浦泰年《みうらやすとし》さんも「これは選手の心の状態をうまく描《えが》いているね」とおっしゃるほどですから、リアルな感触に満ちあふれていると言えるでしょう。

だからこそ、将をはじめ、『ホイッスル!』に出てくるキャラクターたちの〝心の状態〟を一つずつひも解《と》いていけば、「勝つ思考」が、はっきりと現実味を帯《お》びて浮かび上がってくるのです。

それは将来プロを目指している選手はもちろん、チームとして勝ちたい、強くなりたいという明確な目標がある選手にとって、かけがえのない財産となってくれるに違いありません。

本書では、登場人物たちの心の状態に迫《せま》り、そこで何が起きていたのかを、できるだけわかりやすく紹介していくつもりですので、みなさんもぜひ彼らのような勝つ思考を身につけてください。

「楽しいから苦しいけどつらくない」という心境

本書の目的は、フィジカル面やスキルの面ではなく、メンタル面からのアプローチによって「勝つ」ことにあります。

ただ、みなさんの中には「楽しみながらうまくなりたい」とか「みんなでサッカーを楽しんで勝つことが理想」と考えている人もいるかもしれません。あるいは、「勝敗にこだわるよりも、楽しむほうを優先したい」という人もいるでしょう。

しかし、勘違《かんちが》いしないでください。

本気で「勝つ」ことを目指して真剣に努力を積《つ》み重《かさ》ねることは、じつは「楽しい」のです。それどころか、その〝本気〟の中にこそ、本来のスポーツの楽しさが宿《やど》っているのです。

遊びの中でさえ、基本的にそれは同じです。

たとえば、最初から「捕《つか》まってもいいや」と全員が思っている鬼ごっこほどつまらないものはないでしょう。真剣に追いかける鬼と、本気で「捕まるまい」と逃《に》げ惑《まど》う仲間たち。その関係の中に、鬼ごっこの楽しさがあるのです。

同じように、四対二のボール回しでは、緩《ゆる》い雰囲気《ふんいき》の中でダラダラと時間を過ごすより、本気でボールを取り合うほうが、ずっと楽しいと感じるはずです。パスやシュートの練習でも、それは変わりません。

したがって、競技スポーツを志《こころざ》す人はもちろん、趣味としてサッカーを楽しみたいという人や、サッカーを始めたばかりの初心者まで、誰でも情熱やひたむきさの中にある真のスポーツの楽しさを味わうことができるのです。

『ホイッスル！』の中でも、こうした本来の〝Enjoy Sport《エンジョイ・スポーツ》〟の精神が描かれていた印象的なシーンがありました。

　桜上水中キャプテンの座をかけて、現・キャプテンの本間《ほんま》が率《ひき》いるレギュラー組と、水野が率いる補欠組とで勝負（ミニゲーム）を行うと決まったときのことです。

　試合当日に向けて、将は放課後に水野チームのメンバーと練習をこなし、さらに夜は水野と二人で猛《もう》特訓を続けました。そのあまりにもハードな内容に、将は苦しくて吐《は》いてしまうほど追い込まれてしまいます。

　ここで、さすがの水野も『やめるか？』と声をかけますが、このとき将が口にしたのは『大丈夫…だから　楽しくって　苦しいけど　ぜんぜん　つらくないんだ　今は』という言葉でした（第１巻１１９ページ）。

　これが本来の〝Enjoy Sport〟の精神だと、私は思います。

　それは体力面だけではなく、メンタル面でも同じようにキツい作業でしょう。本気で目標を手に入れようとすれば、今の自分の未熟な能力がわかってしまうからです。

　それでも将は、勝つために自分の力量《りきりょう》不足を受け入れ、自ら厳しい特訓を水野に要求したことを思い出してください。こうして自分の全部をさらけ出し、真剣に勝利を目指したプロセスを、将は「楽しい」という言葉で表現したのです。

目標に向かって本気で努力を積み重ねるプロセスにこそ、
本来の意味の「スポーツの楽しさ」、
つまり〝Enjoy Sport〟の精神がある。

『ホイッスル!』第1巻 119ページ

一方、なれ合いの楽しさで満足している限り、たとえ自分の力量不足を自覚していても、笑ってごまかせば済んでしまうでしょう。「できない自分」と向き合うこともないため、自分のプライドも傷つきません。

その代わり、スキルの向上は期待できないでしょうし、まして勝てるチームや強い組織を作り上げることも難しいと言えます。

大切なのは結果をしっかりと見据《みす》えることです。目指している、その過程の中にこそ、〝Enjoy Sport〟はあります。

自分自身に目を向けることを恐《おそ》れることなく、本気でぶつかるプロセスそのものを楽しいと感じるようになれば、勝利や上達、強化などの結果へと確実につながります。「結果はあとからついてくる」という言葉は、つまりそういう意味なのです。

メンタル面が弱く、常にジレンマを抱《かか》えていた選手時代

ここで自己紹介を兼ねて、私の経験をお話ししましょう。

私は早稲田実業《わせだじつぎょう》の中学部・高等部を経《へ》て、慶應義塾《けいおうぎじゅく》大学へ進学。その間、ずっと野球部に所属していました。

高校では甲子園で準優勝、大学では日本一になるなど、たまたま強いチームでプレーすることができましたが、そんなチームにいながら、選手時代の私の最大の問題は「試合に出るのが怖《こわ》い」と感じていたことでした。

たとえば大学の三年生、四年生になって、ようやくレギュラーをつかみかけた頃《ころ》、リーグ戦の開幕前に行われるオープン戦では、「こんなところでミスをしたら、レギュラーから外《はず》されてしまうんじゃないか」と思い、憂《ゆう》うつでした。

もっとひどいのは、夢にまで見た早慶戦を前にして「できれば盲腸《もうちょう》を患《わずら》って入院したい」などという冗談《じょうだん》のようなことが頭をよぎっていたことです。

もしそうなったら、チームメイトがお見舞いに来て「布施《ふせ》、大丈夫か？」と声をかけてくれる。私は「ツイてねーよ」と答える――こうして〝不可抗力《ふかこうりょく》で試合に出られない〟という状況をうまく作り出せば、たとえ試合に出られなくても、自分のプライドは傷つかないだろうと思っていたのです。

だからといって、試合にはものすごく出たいんです。心の底から試合で活躍したいと思っているのに、なぜか怖い。そして、いざ試合が始まると、体が硬《かた》くなってしまって、練習では普通にできるプレーが全然できない。そんなジレンマを、いつも抱《かか》えていました。

もちろん、「心理的な何かが、自分にブレーキをかけている」という自覚はありました。しかし、どうしたらいいのか、まったくわからなかったのです。

一人でも多くの選手に「勝つ思考」を伝えたい

なぜうまくいかないのか？

その答えが見えてきたのは、競技スポーツの世界を退《しりぞ》き、ビジネスマンとして働き出した頃です。

入社当時、野球に比べたら仕事は私にとってまだまだ思い入れの大きくないものでした。そのため、守りに入っていたかつての自分とは違い、とても気が楽でした。何かミスをしても、そんな自分を直視できる余裕があったのです。

直視して、できないことを「できない」と素直に言えると楽だし、できるようになると楽しくなる。仕事に対する変なプライドもなかったのが幸いし、どんどんプラスのサイクルに乗っていきました。

反対に、優秀な先輩が「仕事で失敗できない」と思っている様子を見て、〝つらそうだなあ〟と思うとともに、〝昔の自分もこんな感じだったんだろうな〟と感じ始めました。

選手時代もメンタルが重要だとは思っていましたが、「かつての自分」と「今の自分」を客観的に見ることができたことで、その重要さをあらためて痛感したのです。

私はどんどんスポーツ心理学の世界に興味を持つようになりました。

やがて本格的にスポーツ心理学を学ぶために会社を辞《や》めてアメリカの大学院に留学し、応用スポーツ心理学の修士号を取得して、現在に至《いた》るわけです。

ここまでの流れを読んで、みなさんは「野球と仕事の話ばっかりで、サッカーとは全然関係ないじゃないか」と感じたかもしれませんが、それは違います。それぞれジャンルは違っていても、大事な本番でいかにパフォーマンスを発揮《はっき》するかという点では、いずれもまったく同じなのです。

十分なパフォーマンスを発揮するためには、メンタル面が充実していなければいけません。逆に、せっかく厳しい練習を積んでフィジカル面やスキルの面を伸ばしても、選手時代の私のように、メンタル面がからっきし弱ければ、大事な場面で十分なパフォーマンスを発揮することは難しいでしょう。それはスポーツ選手もビジネスマンも、さらにミュージシャンだってパイロットだって、みんなそうです。

違うのは、それぞれのスキルの種類だけ。

大切なのは〝心のメカニズム〟を知り、「パフォーマンスを発揮する方法」を学ぶことです。

私自身、もっと早く、遅くとも高校時代にそのことに気づいていれば、もっと充実した選手生活を送れたのにと思います。

だからこそ、今まさに本気で「勝ちたい」と願うみなさんには、できるだけ早い段階で「勝つ思考」を知ってもらいたいと思っているのです。

本気になれば誰でも「風祭将」になれる

現在、私の仕事の肩書きは「スポーツ心理コンサルタント」です。少し聞き慣れない言葉だと思いますが、要するに選手やチームをメンタル面からサポートし、そのトレーニングをする立場です。

仕事上、私はこれまでにアマチュアからプロまで数多くの選手と出会い、ともにトレーニングしてきました。

その中には、フィジカル面に恵まれ、圧倒的なスキルを備《そな》えているのに、〝ここぞ〟という大事な場面でどうしても力を発揮できない選手もいました。また、持って生まれたまばゆいばかりの才能を高く評価され、将来を嘱望《しょくぼう》されながらも大きな壁にぶつかって挫折《ざせつ》し、競技スポーツの世界から去っていった選手にも出会いました。

反対に、最初はプレーの面ではさほど突出した力はなかったのに、地道に「勝つ思考」を実践し続けたことで、最終的にプロへと続く階段を駆《か》け上《あ》がっていった選手だって、何人もこの目で見てきました。

そんな私の経験から、こう断言できます。

風祭将は、実在します。

みなさんの中にも、風祭将はいます。

たとえ今はそうじゃなくても、これから「勝つ思考」を身につければ、将のような選手に十分になれるんだということを、本書のはじめの言葉として、ぜひ心に留《と》めておいてください。うまい選手もそうでない選手も、どんなレベルの人であれ、思考を変えて強くなるチャンスは誰にでも平等に与《あた》えられています。ですから、これから本書の中でお話しすることを、どうぞ一つずつ実践してください。そのために必要なのは、「勝つために思考を変える」という強い意志だけです。

特別な環境など、何一つ必要ありません。

今、この本を手にしながらでも、すぐに始めることだってできます。

——心の準備はできたでしょうか？
では、次のページから本章に入っていきます。

逆《ぎゃく》算《さん》思《し》考《こう》!?

［第1章］ 逆算思考

夢を現実にする!

確実に目標へたどり着く最強の思考法——

ただ漠然《ばくぜん》と努力を積《つ》み重《かさ》ねるだけの「足《た》し算《ざん》思考」では、
どんなにうまくなっても、目標に到達できるかどうかわかりません。
反対に、「こうなりたい」という〝未来の自分像〟から
今の実力を引《ひ》き算《ざん》する逆算《ぎゃくさん》思考を身につけましょう。

目標に対する方向性と時間軸《じく》を明確にする

サッカーという競技において、「蹴《け》る」「止める」といったごく基本的なプレーをマスターするまでには、膨大《ぼうだい》な時間の練習が必要と言われています（67ページを参照）。

ましてロナウジーニョやメッシ、中村俊輔《なかむらしゅんすけ》といった超一流選手が見せるようなスーパープレーを身につけるためには、絶対的なトレーニング量を積《つ》んでいくという道を避《さ》けて通ることはできません。

その上で、みなさんはもっとたくさん練習を積んで、今よりもっとサッカーがうまくなれば、いつかは全国大会に出場できたり、あるいはやがてプロになれる日が来ると思いますか？

たとえば、あなたがリフティングを百回以上できる選手だとします。次は二百回を目指しますか？　それができたら、五百回に挑戦？　それとも千回でしょうか？

では、「全国大会出場」や「プロになる」という目標へたどり着くためには、いったい何回くらい続けられるようになればよいのでしょうか？

もうおわかりと思いますが、いくらリフティングが上手になって〝うまくなった〟としても、それだけで全国大会出場やプロになるという目標を手にすることができるかどうかはわかりません。

たしかに、うまくなりたいというモチベーションは大切です。でも、みなさんがもし一流選手を目指していたり、あるいはチームとして真剣に取り組んでいる目標があるなら、「うまくなるための技術」ではなく、「目標に近づくための技術」を身につけるという、一歩進んだ考え方を身につけなくてはいけません。

最初の頃《ころ》は、将もただ漠然《ばくぜん》と「うまくなればプロになれる」と考えていました。実際に、武蔵森学園の三軍にいたときは『リフティングがうまくなれば　うまくなればきっと――上にあがれるチャンスがもらえる』と思い、毎日繰《く》り返《かえ》し練習した結果、千回以上できるようになりました（第１巻23ページ）。

ところが、結局、将は上にあがるチャンスを得ることなく武蔵森を去ることになってしまったのは、みなさんもご存じの通りです。その理由は、いくらリフティングの技術を磨《みが》いて〝うまくなった〟としても、それは一軍の試合で勝てる技術を身につけたわけではないからです。もちろんリフティングも大事なのですが、それだけでプロになれるわけでもありません。

そのことを将が思い知ったのは、天城《てんじょう》を擁《よう》する国部二中《こくぶにちゅう》と対戦したときでした。

天城のいる国部二中をやっとの思いで振り切った桜上水中でしたが、中学生離れした天城のプレーに衝撃を受けた将は、試合後、彼に会い行きます。ところが、馬鹿《ばか》にされたと思った天城は、将につかみかかりました。そして「プロになりたい」と口にした将に対して、『お前が？　ムリだな…　１００万年かかる』と言い放ちます。

そんな天城に対して、将は『今までみたいに　ただ漠然となりたいってだけじゃ　そのくらいかかったかも…』と気づき、『君ぐらいの実力がなきゃプロになれないなら　なってやる』と答えます（第６巻41～43ページ）。

その後、将は短期間で素晴らしい技術を身につけ、気持ちも強い選手に成長していきましたが、その秘密の一つが、じつはこの会話に表れているのです。

とくに「100万年かかる」という天城の台詞《せりふ》に注目してください。

将はこの言葉にヒントを得て、今までの「うまくなりたい」という目標には〝どこへ向かって〟という明確な「方向性」と、〝いつまでに〟という「時間軸《じく》」が抜け落ちていたことに気づいたのです。

ちなみに、ただ漠然と「プロになる」と考えているだけでは、「方向性」もぼんやりとした、あいまいなものでしかありません。このときの将のように、目標（＝プロのサッカー選手）のレベルがわかって初めて、現在の自分の位置と目指すべき到達点（＝方向性）が、はっきりと見えてくるのです。

最初の頃に将が考えていたような「たくさん練習すればうまくなれる」「うまくなればプロになれる」といった考え方のことを、「足し算《たざん》思考」と言います。

これではまるで下調べをせず、地図もなしに登山をするようなものです。遠くから見て山頂はあのあたりだろうと見当をつけて山を登り始めても、やがて道に迷ってしまうでしょう。いくら歩き回っても、一向に頂上にはたどり着かない――そんな状態です。

つまり、足し算思考というのは、努力を積み上げた方向に目標とするものがあるのかどうか、また仮にその方向に目標があったとしても、いつ頃そこに到達できるのかという距離感がはっきりしないのです。

「プロになる」という漠然とした目標ではなく、
「天城を超えるレベル」という具体的な目標を設定し、
そこから逆算をすれば、今やるべきことがはっきりと見えてくる。
『ホイッスル!』第6巻 41ページ

受験では合格者の多くが逆算《ぎゃくさん》思考を上手に使っている

これを、みなさんにとって身近な例に置《お》き換《か》えて考えてみましょう。

たとえば、受験では「志望校に合格する」という明確な目標があります。では、試験当日というタイムリミットまでに、みなさんは何をするでしょうか？

時間がないからといって、ただやみくもに難しい英単語だけを丸暗記したり、あるいは「重要なポイントはだいたいあそこだろう」と適当に見当をつけて勉強をしても、それで合格する可能性は低いでしょう。かといって、試験当日まで残り一カ月しかないのに基礎学習から始めれば、到底《とうてい》間に合いません。

これらがうまくいかないのは、それが「足し算思考」的なアプローチだからです。

本気で合格したいのであれば、やはり、まずは最初に受験科目を調べるはずです。

国語・数学・理科・社会・英語の五教科なのか？　それとも三教科なのか？　あるいは、英語と小論文だけでいいのか？

それがわかれば、次は試験対策として過去問題集などを参考に、入試の傾向を調べるでしょう。試験当日まで時間に余裕がある場合は、基礎から応用までみっちりと。そうでなければ、重要なポイントから順番に勉強を始めていくはずです。

また、目標に正しく向かっているか？　その目標にたどり着くためには、具体的にどうしたらよいのか？　その目標と自分との間には、どのくらいの距離があるのか？　そこにはいつまでにたどり着きたいのかなど、目標に対する方向性と時間軸をはっきりと意識するでしょう。

こうしてゴールから逆算《ぎゃくさん》して〝今、自分がやるべきこと〟を明確にしていく考え方を「逆算思考（引《ひ》き算《ざん》思考）」と言います。

ここで大事なのは「なぜその学校に入りたいのか」「そこに入ってから何がしたいのか」という動機です。クラブ活動や専門的な勉強など内容は何であれ、とにかく「その学校でどうしてもこれがやりたい」という思いが強いほど、目標からエネルギーをもらうことができるからです。目標を実現して〝それをしている自分〟をイメージするだけでワクワクしたり、力が湧《わ》いてきたりするのは、まさにこの状態と言えます。だからこそ、受験勉強という苦しい状況の中でも自分を盛り上げ、モチベーションを維持《いじ》することができるのです。逆に、そこが見えていないと、「なんでこんなに苦しいことをしなくちゃいけないんだ」というネガティブな思いばかりがつのってしまいます。

さらに、目標に対する動機が強ければ〝今やるべきこと〟も、自然と明確に見えてくるでしょう。ですから、みなさんも目標を設定するときは、必ずこうした「なぜ」「何のために」という動機の部分をしっかりと意識してください。

ちなみに、ＦＣ東京に所属する長友佑都《ながともゆうと》選手は、強豪《きょうごう》・東福岡《ひがしふくおか》高校進学当初から「絶対に大学へ行ってサッカーを続ける」という目標があったものの、同校には中学時代に九州選抜や全日本選抜に選ばれたような選手も集まってくるため、最初から「サッカーの技術だけで大学に進学するのは無理」と考えていたそうです。

でも、そこであきらめなかったのは、やはり目標に対する思いの強さだったのでしょう。「サッカー推薦《すいせん》がダメなら、勉強で行く」と心に決め、毎日のサッカー部の練習とともに、明治大学の指定校推薦枠《わく》を狙《ねら》ってしっかりと勉強を続け、見事に推薦を勝ち取ったのだそうです。

こうした実話を知れば、あの名門明治《めいじ》大学で長友選手が頭角《とうかく》を現したのは当然と思えてきます。きっと学業以外においても、つまりサッカーのトレーニングにおいても、長友選手は逆算思考で挑戦してきたにちがいないからです。

受験では自分の偏差値と志望校の偏差値の差、試験の科目や出題傾向（方向性）はもちろん、試験日（時間軸）も事前に決まっているため、自然と逆算思考になりやすいでしょう。逆に言えば、どんなに大きな目標でも、方向性と時間軸を明確に意識することができれば、足し算思考から脱《だっ》して確実に目標にたどり着くことができるようになります。

そこでまずは、みなさんも将や長友選手のように、目標と自分との間に「どのくらい距離があるのか」を恐《おそ》れずに直視し、現在の実力を素直に受け入れるところから始めてください。自分の力不足を思い知るのは誰でも嫌なものですが、それは決してネガティブな行為ではありません。そこを「よしっ！」と前向きに受け入れることで、目標に向かう第一歩を踏《ふ》み出《だ》せるわけですから、これはむしろポジティブな行為と考えましょう（170ページ「『ポジティブ・シンキング』の罠《わな》」を参照）。

最初は、方向性や時間軸がアバウトなままでも構《かま》いません。本気になって努力を重《かさ》ねていけば、次第に目標との距離感が明確になり、〝今やるべきこと〟がはっきりと見えてくるはずです。本書では、全編にわたってこの逆算思考をベースにした話が出てきますので、みなさんもぜひここでしっかりと覚えるようにしてください。

ポイントは「時間軸」

みなさんは目標に対して、しっかりと逆算思考を働かせて練習に取り組んでいるでしょうか？　ここで少し振《ふ》り返《かえ》ってみてください。

あなたがもし初心者で、レクリエーションとしてサッカーを楽しんでいるだけなら、リフティングの回数が増えたり、新しいフェイントを覚えるなど、ひとつひとつの〝目の前の成果〟に喜びを見いだすのは「自信の貯金（49ページを参照）」につながりますから、大切な行為です。

しかし、ひとたびチームで勝ち負けを競《きそ》うような段階に入ってきたら、そうした〝目の前の成果〟にいちいち満足したり、安心したりしているわけにはいかなくなります。大切なのはチームとして勝つということですから、「チームでの勝利」という目標から逆算すれば、いやでもそこに到《いた》るにはまだまだ距離があるということがわかってくるからです。

もしも、ただなんとなく練習をしているなと思っていたら、それはすでに注意が必要な状態です。ドリブルもパスもシュートもフィジカル・トレーニングも、方向性や時間軸を意識しないまま、ただ漠然と続けていたら、本当に目標へ近づいているのかどうかさえ、はっきりとはわかりません。

周囲がよく見えず、闇《やみ》の中を走っているときほど、自分でも気づかないうちに「与《あた》えられた課題をこなすこと」に満足し、本来の目標を忘れがちになってしまいます。もちろん、練習を続けることは大切なのですが、「努力しているつもり」になってしまってはいけません。

特に注意が必要なのが、方向性は合っていても、時間軸が見えていないケースです。逆算思考により、「足りないもの」や「やるべきこと」を補うための練習に熱心に取り組むこと自体は、決して悪くありません。しかしその場合、たとえ必要とされる技術が少しずつアップしていても、目標に設定した大会までには間に合わないということが起きてしまうからです。

一方、時間軸がはっきりしていれば、間に合わないと判断したら、それなりに練習時間を増やしたり、あるいは「うちのチームはパスが弱いから、シュート練習を減らしてパス練習の時間にあてよう」という意見も出てくるはずです。つまり、限られた時間の中で、より効果的に練習を行うことができるようになるというわけです。

目標はあくまでも〝将来の自分像〟

将の例に戻りましょう。

将はまず、天城（＝プロになれるレベル）を目標に設定しました。そして〝将来、到達したい自分像〟から〝現在の自分のレベル〟を引き算して考えるという思考を身につけたのです。

ただし、注意してほしいのは、逆算思考は相手と比べることではない、ということです。比較するべき対象は、あくまでも〝未来の自分〟です。

その理由は、時間とともに相手も進化するため、正確な引き算ができなくなるからです。場合によっては、目標としていた選手が、ある日突然、サッカー部を辞《や》めてしまうことだって、絶対にないとは限りません。

さらに、他人と比べると、落ち込んだり焦《あせ》ったりすることが多くなるでしょう。だから、あまり意味がないのです。

一方、未来の自分自身であれば、そんなことも起きません。

「天城のような選手」ではなく「天城を超える選手」に、「ロナウジーニョのような選手」ではなく「ロナウジーニョを抑《おさ》えられる選手」になる――想像しただけで、ワクワクしてきませんか？

こうして自分だけの目標にたどり着いた〝未来の自分〟を思《おも》い描《えが》くことで、目標からエネルギーをもらいましょう。

その上で、今の自分のレベルを引き算し、その距離を冷静に見極めて〝今の自分に足りないもの〟や〝今やるべきこと〟を明確にしてください。そして「目標を実現するための練習をしているか？」「いつまでにそこへたどり着くのか？」など、方向性と時間軸を常に意識しながら練習に取り組みましょう。

中村俊輔選手の逆算思考

逆算思考が身についている選手は、次の四つの条件を満たしています。

第一に、強い動機付けによる明確な目標を描いていること。

第二に、目標との距離を冷静に測り、今の自分に足りないものを把握《はあく》できていること。

第三に、努力の方向が目標に向かっているかどうかを常にチェックしていること（方向性）。

第四に、いつまでに目標へたどり着くかを決めていること（時間軸）。

実際のケースとして、二〇〇二年の日韓ワールドカップ前後に、中村俊輔選手がとった行動についてお話ししましょう。

俊輔選手は、日韓ワールドカップで代表選考から漏《も》れてしまいました。しかし、彼はそこで自暴自棄《じぼうじき》になることなく、目標を「世界に通用するプレイヤーとなり、ワールドカップやチャンピオンズ・リーグなど、世界の舞台で活躍すること」にシフトしていったように見えます。

そこから現在の自分の位置（自己ポジション）を引き算することで「技術は高いけれど、コンタクトプレーに弱い」という面をはっきりと自覚したのでしょう。

その上で「高いプレスのかかるゲームでも、自分の技術を十分発揮《はっき》できるようになる」と考えたはずです（方向性の設定）。

タイムリミットはもちろん四年後、次のドイツ・ワールドカップです（時間軸の設定）。

こうした計算をもとに導き出した答えが、海外移籍という選択だったのではないかと、私は思います。

ただ、これですべてが終わったわけではありません。

欧州トップクラスのセリエA《アー》に渡ったことで出場機会が減少し、さらに守備的な役割を任《まか》されることも多くなったため、方向性や時間軸を修正《しゅうせい》する必要が出てきたのです。

そこで、中心選手として活躍できること、チャンピオンズ・リーグに出場できる可能性が高いことなど、条件を満たしてくれそうなチームを探した結果、見つかったのがスコットランド・プレミアリーグのセルティックだったのではないでしょうか？

その後、目標として設定したドイツ・ワールドカップにおいて、日本代表の中心選手として活躍したのは記憶に新しいところです。

目標へ通じる道は一本だけではありません。しかし、足し算思考では決してほかのルートを発見することはできないでしょう。俊輔選手のように、環境の変化に応じて方向性や時間軸を自由に軌道修正《きどうしゅうせい》できるのも、逆算思考のメリットと言えます。

他人との差や目の前の勝敗が怖《こわ》くなくなる

逆算思考を使う利点《りてん》は、まだあります。

それは、ほかの選手との比較を恐れなくなることです。

足し算思考では、自分とほかの選手を比較して、「自分よりうまい」「自分よりも下手」、あるいは「勝った」「負けた」という、今のレベルの差だけにどうしても目が行ってしまいがちです。これは将来の目標がしっかりと定まっていないため、横の比較だけで判断するからです。

一方、将は東京選抜の選考会に招集《しょうしゅう》されたライバルたちに対して、最初は『ぼくにはズバぬけたものが何もない』と焦ります（第12巻１１０ページ）。それでもビリからの出発を自覚して『落ち込んでるヒマあったら　追いつくこと考えた方がいいよな!』と思い直しました(第12巻119ページ)。

そして選考会の三日間で「選抜に残るレベルに到達する」という目標を設定し、逆算思考を働かせていました。たとえばミニゲームでは、ライバルたちの特長を素早く見極め、その実力を素直に認めて尊敬しつつも、すかさず今の自分との距離を測り出します(第13巻151ページ)。

すでにお話ししたように、逆算思考では〝将来なりたい自分像〟から引き算をして今の自分を見るという習慣がつくため、他人と比べて焦ったり、嫌になったりしなくなります。結果的にたった三日間という短い期間でさえ、将にとっては自分の実力を伸ばす絶好の機会となりました。

また、逆算思考と足し算思考を比較すると、「結果」に対するアプローチがまるで違ってきます。

結果には「長期の結果(結果目標=最終目標として設定した長期的スパンの結果)」と「短期の結果(リザルト=試合の勝敗など、短期的なスパンの結果)」の二種類があります。

これを踏まえてお話しすると、足し算思考の選手は「短期の結果」にしか目が行かないため、練習ではコーチにほめられた、怒られたで一喜一憂《いっきいちゆう》し、また試合でも勝てば喜び、負ければ落ち込むだけで終わってしまいます。

一方、逆算思考が身についている選手は、常に「長期の結果」を念頭《ねんとう》に置いているので、各

レベルの高い選手のプレーを見て怖《お》じ気《け》づいてしまうのではなく、
そこから今の自分の実力を引き算すれば、
勝利や成功への道のりが、はっきりと見えてくる。

『ホイッスル!』第13巻 151ページ

試合での勝敗など「短期の結果」は、現在の「自己ポジション」を知るための情報でしかありません。ですから、勝ったときも負けたときも、同じようにそこから引き算をして、次の機会に生かすことができるのです。

そのアプローチはまったく違うことに気づくでしょう。もちろん、横の比較というのも「短期の結果」の一種ですから、東京選抜の合宿で将が動揺しなかった理由もわかってもらえると思います。

これをJリーグのプレシーズン・マッチや、プロ野球のオープン戦に置き換えてみると、強いチームほど試合の結果を淡々《たんたん》と受け入れているように見えませんか？　それは「日本一になる」「アジアの頂点に立つ」という目標から「短期の結果」を引き算し、現在のレベルを測っているからでしょう。

ですから、みなさんも練習試合などの「短期の結果」だけで一喜一憂することなく、常に「長期の結果（目標）」から引き算をして「自己ポジション」を測るという逆算思考を習慣として身につけるようにしてください。

日常生活に逆算思考を取り入れる

もちろん、試合中でも逆算思考は使えます。

たとえば、ひとたび劣勢《れっせい》に立たされてしまうと集中力が切れてしまい、そのままズルズルと負けてしまう。格上《かくうえ》のチームと対戦すると、すぐに「ダメだ」「勝てない」と思ってしまう――

そんな自分は嫌だと思いつつも、「いつだってこうだ」と思ってそこから抜け出せない人も多いと思います。

このように粘《ねば》りがないのも、多くの場合は足し算思考が原因です。

もしこのような状況でも逆算思考ができるようになれば、「この試合に勝つためには今、何をするべきか？」と考えるようになるため、どんなに不利な状況に立たされても簡単にあきらめてしまうようなことは少なくなります。

詳《くわ》しいことは、あとの章でもあらためてお話ししますが、逆算思考が身についていれば、相手と自分との距離を測り、相手の力量に「すごいな」と圧倒されつつも、たとえば全力疾走《しっそう》したり、執拗《しつよう》にチェイシングを繰り返すなど、〝この状況で今の自分にできること〟を一つずつこなせるようになります。

このようにして「最低目標（＝どんな状況でも実行できる最低限のプレー　※第6章を参照）」に徹《てっ》すれば、やがて「フロー状態（＝自分の中で最高のパフォーマンスが発揮できる状態　※第8章を参照）」に入れるため、チーム全体としても息を吹《ふ》き返《かえ》すことが可能になるのです。

チームの一人ひとりがこうした思考を身につければ、柔軟《じゅうなん》でつぶれにくく、簡単には負けないチームになっていきます。

みなさんは「将のような選手になるなんて難しい」と言うでしょう。でも、私はそうは思いません。彼のような思考を身につけるために努力した選手やチームが、現実に少しずつ変わっていく姿を、私はこれまでに数多く見てきました。だからこそ、プロローグでもすでにお話ししたように、「将は実在する」と断言できるのです。

逆算思考を身につける努力は、今すぐにでも始めることができますから、ぜひみなさんも頑張って自分のものにしてください。

もちろん、いきなり遠い未来の夢や目標のことを明確にイメージするのは難しいでしょう。しかし、仮に最終目標が「メッシのようなプレーを身につける」という漠然としたものであっても、毎日の生活の中では「夜八時からメッシが出る試合をテレビで見るために、七時には食事を用意してもらって、七時半には風呂に入る」などと、自然に考えながら行動しているはずです。

つまり限られた時間の中で（時間軸の設定）、どう行動すれば（方向性の設定）、最終目標に近づけるか（短期的な目標の実現）といったように、ごく簡単な逆算思考を働かせているのです。

ただし、たとえば「朝八時に家を出るために、七時に起きて、七時半にはごはんを食べて、それから歯を磨いて……」というのは、「時間の逆算（時間管理＝タイムマネジメント）」であり、本章でお話ししてきた「思考の逆算」とは違います。ここは間違えやすいところですので、少し補足しておきましょう。

時間の逆算というのは、「時間に間に合えば目標達成」ですから、「目標」と「締《し》め切《き》り」は、ほぼ同じ意味です。

一方、思考の逆算では、「目標達成」の先に、必ず最終目標があります。そしてそれは、常に「なぜ」「何のために」という強い動機に支えられています。

ですから、さきほどの例に出てきた「メッシのプレーをテレビで見る」という目的からの逆算も、「彼のプレーを真似《まね》したい、盗《ぬす》みたい」という強い動機があれば、十分に思考の逆算になるのです。

反対に、単なる娯楽としてサッカー中継を見るだけで終わってしまう場合は、時間の逆算に限りなく近いものになってしまうわけです。

そこにさえ注意すれば、クラブ活動や入試のときだけではなく、たとえば長友選手のように「大学でもサッカーを続けたいから、今やるべきことはフィジカルの強化と勉強だ」と考え、家では筋《きん》トレと勉強をみっちりやるなど、見事な逆算思考を組み立てることができるのです。

ほかにも、夏休みの予定を立てたり、旅行の計画を立てたりするときも、「なぜ」「何のために」という動機にもとづいて目標を決めた上で、方向性と時間軸さえ意識すれば、日常生活がそのままトレーニングの場になります。

そして、それを〝いつでも・どこでも〟実行して習慣にしてしまえば、大きなストレスのかかる大事な試合でも、逆算思考ができるようになります。

仮に「プロになる！」という目標を立てたとしましょう。その場合も、基本的にはこうした考え方を応用するだけです。

このように〝今の自分にできること〟を積極的に見つけ、一つずつこなしていくという作業を繰り返しましょう。

誰だってそうですが、習慣というのはある日突然、身につくものではありません。だからこそ、まずは思考を変え、それを日々の生活の中で実践《じっせん》していく必要があります。

そうすれば、やがて習慣として定着します。そしてその習慣こそが、みなさん自身を選手として育てていくのです。

本当のライバルは他人ではなく〝未来の自分〟です。自分自身で描いた〝なりたい自分〟に負けないよう、日常生活から逆算思考を意識するようにしましょう。

逆算思考に必要な要素

◆「なぜ」「何のために」という動機にもとづく具体的な目標設定
◆自己ポジション（現在の自分の位置はどこか？）
◆方向性（努力の延長上に目標があるか？）
◆時間軸（いつまでに到達するか？）

逆算思考のメリット

◆確実に目標へ近づくことができる
◆ライバルとの比較が怖くなくなる
◆簡単には負けない粘り強いチームになる
◆長期結果にこだわりながら、短期結果も重視するようになる

足し算思考のデメリット

◆目標へ向かうベクトルの方向と距離がわかりにくい
◆現状の「横の比較」だけで一喜一憂してしまう
◆劣勢に立つと、あっさり負けるチームになってしまう
◆短期結果により、揺らぎやすくなってしまう

いつか世界中《せかいじゅう》に
友達《ともだち》をつくる
もちろん宇宙にもだ
大《おお》きな目標《もくひょう》
そのためにはまず
お前《こいつ》を理解しないとな
じーっ
小《ちい》さな目標《もくひょう》
?

［第2章］「大きな目標」と「小さな目標」

上達への最短距離

なりたい自分に近づく目標の〝使い方〟——

目標というのは夢でも理想でもなく、ましてただの飾りでもありません。
上手に利用すればスキルアップへの強力な武器となるのです。
そのためには大きな目標と小さな目標を明確に区別し、
それぞれを上手に〝使う〟ことを覚えましょう。

目標を上手に使い分ける

将の目標は「ワールドカップ本大会に、日本代表としてピッチに立つこと」です。

みなさんもそれぞれの目標を胸に、日夜練習に励《はげ》んでいることと思いますが、ぜひ将を見習ってほしい点があります。それは目標を形式的に掲《かか》げているだけでなく、実際に〝使っている〟ことです。

これは将に限った話ではなく、トップアスリートたちもみんな、目標を上手に使って自身のレベルアップを図《はか》っています。では、目標を「掲げる」のではなく、「使う」というのは、どういうことなのでしょうか?

たとえば将が加入したばかりの頃《ころ》、桜上水中がいきなり「全国制覇《せいは》」という目標を掲げたとしたら、いったいどうなっていたでしょうか?

おそらく目標が高すぎてまったく実感が湧《わ》かず、ただ口で言うだけに終わってしまったり、目標の大きさに圧倒されて〝今、何をすべきか〟を見失ったりしてしまったでしょう。あるいは、あれこれとやみくもに手をつけてはみたものの、どれも中途半端に終わってしまい、余計に不安がつのってしまったかもしれません。

ただし、ここでみなさんに注意してほしいのは、「全国制覇」という目標設定そのものは間違っていないということです。それどころか、将のように「ワールドカップに出る」だったり、「ワールドカップで優勝する」など、途方もなく大きな目標でも、まったく問題ありません。

肝心《かんじん》なことは、それを単なるスローガンとして掲げるだけで満足せず、目標に向かって本気で取り組むことです。

では、いったいどうすれば、目標達成に向かうことができるのでしょうか？　わかりやすい例として、将の〝目標の使い方〟を紹介しましょう。

将自身も「ワールドカップのピッチに立つ」という大きな目標を胸に秘《ひ》め、桜上水中に転校してきましたが、水野との一対一の勝負に敗《やぶ》れ、自分とのレベルの差を思い知らされてしまいます。同時に、その先にある日本代表への道のりの遠さのあまり、いきなりへこたれそうになりました（第1巻44～45ページ）。

このように、最終目標が大きければ大きいほど、挫折《ざせつ》のリスクも高くなります。みなさんはこのときの将のように、目標の大きさに押しつぶされそうになった経験はありますか？　あるとしたら、どのように乗り越えたか、覚えているでしょうか？

将の場合は、挫折しそうな気持ちを克服《こくふく》するため「フェイントの技術を磨《みが》いてもう一度水野に挑戦し、今度こそ必ず抜く」という小さな目標を立てました。

つまり、単に〝掲げて〟いただけの目標を〝使う〟ことにより、文字通り正面突破を図ったわけです。

ここでみなさんに覚えてほしいのは、目標を〝使う〟というのは、「大きな目標」と「小さな目標」の二種類に分けて考えることだということです。

冒頭で紹介した「日本代表として世界で戦う」という将自身の目標は、もちろん前者の「大

今の自分の実力を思い知ることで、挫折してしまう選手もいる。
そこで「自分の実力はこの程度だ」とあきらめることなく、
「大きな目標」との距離を縮めるために〝使う〟のが「小さな目標」。
『ホイッスル!』第1巻 44ページ

きな目標」だとわかるでしょう。そして、そこへ到達するためにクリアすべき課題、たとえば「一対一の勝負で水野を抜く」「武蔵森学園に勝つ」「東京選抜の選考に残る」などは、いずれも後者の「小さな目標」です。

将は、大きな目標へ到達するために小さな目標を設定し、一方で小さな目標をクリアしていくためのエネルギー源として、大きな目標を使っていることに気づいたでしょうか？　つまり、自分が〝こうなりたい〟と思《おも》い描《えが》くイメージへ確実に到達するための戦略として、積極的に目標を利用しているのです。

このような目標の〝使い方〟は、何も特別なものではありません。受験にたとえてお話しすると、大きな目標は「志望校の合格」に、小さな目標は「英単語を覚える」「数学の公式を覚える」「苦手な分野を克服する」などにあたるわけですから、みなさんもごく当たり前のように、普段から実行していると言えるでしょう。

受験のように、みなさんもある程度イメージしやすい目標だけでなく、今はどんなに無謀《むぼう》と思えるような大きな目標であっても、こうして小さな目標に分解していくことで、夢物語などではなく、現実的なものに近づけていくことができるのです。

〝今やるべきこと〟がわかれば時間の質が上がる

一つだけ注意してほしいのは、小さな目標は必ず大きな目標へ向かう線の上に据《す》えてほしいということです。到達点を定め、そこに向かって敷《し》いたレールの上を、一駅一駅、着実に進んでいくようなイメージを思い描いてみてください。

大きな目標へ到達するために、途中で立ちはだかる壁に対して自ら小さな目標を設定していく——じつは、これとよく似た流れを、すでにお話ししていることに気づいたでしょうか？

そうです、そこには第1章で紹介した「逆算思考《ぎゃくさん》」が働いているのです。

このように、逆算思考はあらゆる場面で活用できます。それだけでなく、サッカーを離れた日常生活においても逆算思考は非常に役立ちますので、みなさんも絶対に心に留《と》めておいてください。

話を戻しましょう。

大きな目標とは、つまり逆算思考におけるゴール地点のことです。そこを基準にして引《ひ》き算《ざん》すれば、〝今の自分がクリアすべき課題〟も明確に見えてくるでしょう。

しかし、最初は基準がぼんやりしているため、具体的に何を小さな目標に設定すればいいのかが、はっきりとわからないかもしれません。

でも、それでいいのです。はじめは大きな目標に対して、本気で努力を重ねることが大事です。そうすれば、やがて基準が見えてくるからです。そのきっかけをつかめば、あとは加速度的に〝今やるべきこと〟が具体的になってくるはずです。

では、将の場合はどうだったでしょうか？

水野との一対一の勝負で見事にリベンジを果《は》たした将は、次に「日本代表として世界で戦う」という大きな目標から引き算をして、今の自分に必要な技術や足りないものは何だろうかと考えました。

その結果、『(世界で戦うには) ぼくは体がちいさいから　まともにぶつかるような　競《せ》り合《あ》い　不利だ』と分析します。それを克服するために、『いろんなフェイントを身につけて　すばやさとテクで相手を抜くしかないんだ！』という答えを導き出しました（第1巻69ページ）。

ここまで目標を細かく具体的にすれば、努力次第でなんとか手が届く距離になっていることがわかるでしょう。その意味で、逆算思考がしっかりと身についている選手というのは、自然と目標をうまく使いこなしているということになるのです。

この例からもわかるように、目標を立てる意義は「今の自分がやるべきこと」を明確にすることにこそあります。自分がどこへ向かっていて、何を為《な》し遂《と》げようとしているのかがはっきりとわかれば、そこに自分の努力を結集することができるようになりますね？　つまり、目標は「時間の質」を高めることにもつながるのです。

ベルマーレ平塚《ひらつか》（現・湘南《しょうなん》ベルマーレ）に入団した頃の中田英寿《なかたひでとし》選手は、練習中、彼の技術なら簡単に決められそうに見えるシュートをよく外《はず》していたと聞きました。

それはなぜでしょう?

じつは練習中、彼はずっとピンポイントでサイドネットを狙《ねら》っていたそうです。「世界で戦う」という目標を見据《みす》えたとき、世界で通用するシュートの技術を身につける必要があると考え、自ら実行したのでしょう。

一方、仮に「ゴールの枠《わく》にさえ飛べばＯＫ」という選手がいたとします。ひょっとしたら練習では、中田選手よりもたくさんゴールを決めるかもしれません。

毎日のシュート練習を仮に百本として、枠に飛んだだけで「よっしゃ！」と喜んでいる選手と、たとえ外れ続けていてもサイドネットをひたすら狙い続ける選手。同じ百本のシュート練習でも、両者の意識の差が、一年後には圧倒的な技術レベルの差となって現れることは容易《ようい》に想像できると思います。

このように、意図《いと》のある練習は非常に有効と言えます。

たとえばトラップの練習一つとっても、ただボールを止めて満足している選手と、次の動きまで想定して、どこに落とすかを考えながら練習する選手とでは、まったく効果が違ってくるでしょう。もちろん、ドリブルの練習でもリフティングの練習でも、同じです。

何よりも、意図のある練習のほうが楽しいですから、自ら進んでやりたくなります。そうすれば、練習を〝やらされている〟という意識もなくなるでしょう。

目標を立てることによって〝今やるべきこと〟が明確になれば、「質の高い時間」を過ごすことにつながると言った意味が、これでわかっていただけたでしょうか？

小さな目標をクリアするたびに「自信を貯金」していく

努力の結果、小さな目標を達成できたとしましょう。では、次にやるべきことは何だと思いますか？

答えは、ワンステップ先の、別の「小さな目標」を立てることなのですが……その前に、ぜひみなさんにやってほしいことがあります。

それは、「素直に喜ぶこと」です。

「なーんだ、そんなことか」と思ったかもしれません。

でも、これは非常に大事なことです。

理由は、自分が一つ階段を上ったと感じたとき、それが「自信の貯金」となっていくからです。スポーツ心理学では、これを「成功体験の積《つ》み重《かさ》ね」と言います。

自信の貯金はスポーツ選手にとって重要な拠《よ》りどころであり、大切な財産となります。その効果をさらに高めるためにも、小さな目標をクリアしたときは素直に喜びを表現しましょう。

たとえば、水野との一対一でリベンジを果たしたときの将のように『やったーっ!!!』と大声で叫《さけ》び、全身で喜びを表すのもよいでしょう（第１巻59ページ）。

ただし、喜びっぱなしで終わってしまってはいけません。自信の貯金をしたら、次のステップへ進むことが大切です。あくまでも、大きな目標に向かうためのハードルを一つクリアした状態であることを忘れず、「いつまでにそこへ到達したいか」という時間軸《じく》とのバランスを図りましょう。

大きな目標でモチベーションを維持《いじ》する

一方、大きな目標は、小さな目標の延長線上にただ置いておくだけでよいのでしょうか？

それだけでは、なんとなくもったいない気がしませんか？

そこで、大きな目標の上手な使い方についてもお話ししておきましょう。

たとえば、小さな目標をクリアするために毎日努力をしていると、頑張ってはいるんだけれどなかなか成果が表れなかったり、それが原因で精神的に疲れてしまったりすることがよくあります。時には、技術練習以外のところで行《い》き詰《づ》まることだってあり得るでしょう。

実際に私も中学生の頃や高校時代、上級生を恐《おそ》れるあまり、炎天下《えんてんか》での練習中に水を飲めなかったり、いつ終わるのか知らされないままグラウンドを何十周も走らされたりしたとき、「練習が楽しい」とは到底《とうてい》思えませんでした。また、監督やコーチの存在にビビッてしまったり、チームメイトとの人間関係で悩んでいたり、ケガで思うように動けなくなってしまったりするたびに、日々の練習が嫌になってしまいました。

でも、そんなときこそ、大きな目標を使うチャンスです。

天城率《ひき》いる国部二中との戦いを経験し、プロになるという大きな目標への決意をあらたにした将でしたが、現実を肌で思い知った直後だけに、心の中では「本当にプロになれるのか？」という迷いも生じていました。そんな将に、小学校時代の恩師《おんし》である山本《やまもと》先生が口にした言葉を覚えているでしょうか？

先生は『どうやったらなれるのかじゃなくて　どうしてなりたかったのか』『もと来た道をもどってみろ　最初の気持ちに立ち返るんだ』『初心を　ずっと持ち続けられた者だけが　なりたい者になれる』と語りかけます（第6巻59〜60ページ）。

大きな目標の背景には「どうしてそうなりたいと思ったのか」という自分自身の原点があり

大きな目標を立てたときの「サッカーが好き」という純粋な感情は、
どんなにつらい環境に置かれていたとしても
前へ進むための勇気と力を今の自分に与えてくれる。
『ホイッスル!』第6巻59ページ

ます。そしてそこには、必ず「好き」という感情があるはずです。そのことを山本先生は伝えたかったのだと、私は思います。

ここでみなさんも、大きな目標を立てたときの自分を思い出してください。そしてそれを達成したときの自分を思い描いてみましょう。

サッカーが何よりも大好きという自分。その自分が、ジャパンのユニフォームを身にまとってディフェンス網を切り裂《さ》き、シュートを放つ場面。あこがれのチームのユニフォームを着てドリブルで駆《か》け上《あ》がる場面。神がかり的なセービングで観客を沸《わ》かせる場面——どうでしょうか？　イメージするだけでもワクワクしてきませんか？

したがって、大きな目標には「地区大会優勝」や「ベスト8」などの手が届きそうな〝なれそうな自分〟ではなく、「日本一」や「ワールドカップ出場」、あるいは「メッシを超えたい」など、〝なりたい自分〟をイメージして設定すればよいのです。

まず「好き」という思いが根底にあり、そして心の底から力が湧き上がってくる感覚さえ忘れていなければ、それが大きなモチベーションとなって、みなさんを日々の小さな目標に向かわせてくれるでしょう。

「なぜこの練習をやるのか」を知っている選手は強い——たとえば単調に思えるドリル系の練習でも、つらいフィジカル・トレーニングであっても、到達点をしっかり見据《みす》えていれば、決して「やらされている」という意識にはなりません。自分で選択して行うのですから、気持ちが揺《ゆ》らぐことなく取り組めるようになるのです。

夜、お風呂やベッドの中でリラックスしているときで構《かま》いません。みなさんも一週間に一度は、大きな目標を達成している自分をじっくりとイメージしてください。そうすることで、毎日の練習に取り組むエネルギーを、自分自身に注《そそ》ぎ込《こ》みましょう。

ニンジンが
大嫌い

セルフイメージ

ネガティブな思考《しこう》

ぜったいムリぃっ!!
入れられるイメージがわかない…
ニンジン ニンジン ♪
FKの時
もしニンジンの
壁ができたら?

［第3章］「セルフイメージ」と「セルフコンセプト」

ベスト・パフォーマンスを発揮する

100%のパフォーマンスを発揮する心の仕組み――

試合中のパフォーマンスを決定するのは、
〝心の状態〟の良し悪しです。
では、いったい心の中は、どんな仕組みになっているのでしょうか?
そのメカニズムを解《と》き明《あ》かすカギを握っているのが、
セルフイメージとセルフコンセプトです。

「セルフイメージ」はパフォーマンスに直結する

将のように、試合中、自分の持てる力をフルに発揮《はっき》できるようになるためには、具体的にどうすればよいのでしょうか？

たとえば、技術（テクニック）には自信がある、体の調子もいい、それでも肝心《かんじん》の試合になると、納得できるパフォーマンスが発揮できない――そんなことを、誰でも一度は経験したことがあると思います。

でも心配はいりません。どんな一流選手だって、そこは日夜悩んでいるところですし、トレーニングを積《つ》めば、試合中のパフォーマンスを自分でコントロールできるようになるからです。

みなさんは、春季の総合体育大会地区予選の一回戦で、桜上水中がいきなり武蔵森学園と対戦したとき、試合を控《ひか》えたロッカールームで、キャプテンの水野が『今日　俺たちが相手をするのは2軍じゃない　1軍だ!!』と伝えたシーンを覚えているでしょうか？

その瞬間、想定外の出来事を前に、チームメイトは固まってしまいました。到底《とうてい》勝ち目のない相手と対戦することを知らされたとき、みなさんも同じような気持ちになってしまうのではないでしょうか？

ところが、将だけは、突然与《あた》えられた大きなチャンスを前に武者震《むしゃぶる》いをして『よぉおしっ』と大声を出して自分に気合を入れました（第2巻103〜104ページ）。

大切な試合を前に緊張したり、逃げ出したくなるのは誰でも同じです。緊張感やストレスを完全になくすことまではできませんが、その状況をどう受け入れるのかは、人それぞれ違うはずです。では、すっかり意気消沈《いきしょうちん》してしまう選手と、将のようにポジティブに受け止める選手とでは、どちらが試合中に高いパフォーマンスを発揮できるでしょうか？　言うまでもなく、将のような選手のほうです。

ここで描《えが》かれている武蔵森戦はもちろん、将は大事な試合になるほどポジティブな感情とともにフィールドに立ち、本来の実力以上のパフォーマンスを発揮しています。

みなさんも、格上《かくうえ》のチームと対戦できる喜びがモチベーションの上昇につながり、結果として互角《ごかく》以上の戦いを繰《く》り広《ひろ》げたり、あるいはいつもよりチーム全体の士気が高く、集中してプレーするうちに練習でもなかなか成功しないような華麗《かれい》なシュートを決めていた、などという経験はありませんか？　それはポジティブな感情によって〝心のエネルギー〟が満タンになっていたからです。

一方、将とは反対に「一軍相手じゃ勝てっこない」「俺たちの実力じゃ、やるだけ無駄だ」などとネガティブな感情に支配されてしまうと〝心のエネルギー〟は減少し、パフォーマンスの質も下がってしまいます。

たとえば、大事な試合になるほど緊張のあまり体が硬《かた》くなってしまい、ボールをうまくさばけない。ドリブル突破が持ち味なのに、つい弱気になってしまって勝負を避《さ》けてしまう。劣勢《れっせい》に立たされるとすぐにあきらめムードが漂《ただよ》い、格下《かくした》相手にもあっさりと負けてしまう――そんな悩みを抱《かか》えている人も少なくないでしょう。

普通なら萎縮《いしゅく》してもおかしくない場面、
将だけはポジティブな気持ちを保ち続ける。
その前向きな姿勢は、やがてチーム全員に伝わっていった。
『ホイッスル!』第2巻 104ページ

つまり、みなさん自身の感情がポジティブなら〝心のエネルギー〟は大きくなってパフォーマンスの質が向上し、反対にネガティブな感情なら〝心のエネルギー〟は小さくなり、パフォーマンスの質も落ちてしまうというわけです。

この〝心のエネルギー〟のことを、「セルフイメージ」と呼びます。

これはモントリオール・オリンピック（一九七六年）射撃の金メダリストであるラニー・バッシャムが提唱した理論ですが、元アスリートが考案した実践的なものですので、心理学の専門知識は必要ありません。「セルフイメージが大きくなっているか、小さくなっているか」を確認するだけでよいのですから、〝心の状態〟をセルフチェックするための方法としては、これほど単純でわかりやすいものはないと言えるでしょう。

「パフォーマンス」と「スキル」の関係

たとえ素晴らしい「スキル」を持っていても、セルフイメージが小さくなってしまうと、決してよい「パフォーマンス」は発揮できません。この「スキル」と「パフォーマンス」はよく混同されてしまいますが、みなさんは両者の違いを、しっかりと説明できるでしょうか？

たとえば、大事な人との待ち合わせのため、時間に余裕を持って家を出たのに電車が遅れていたとします。人によってはイライラしたり、あるいは「どうしよう、まずい」と感じてずっと考《かんが》え込《こ》んでしまうでしょう。そんなときに、心を落ち着かせようと思って本を読もうとしても、なかなか内容が頭には入ってきませんね。

でも、この場合、読解力（＝スキル）が落ちたわけではありません。あくまでも、ネガティブな感情や思考にとらわれているためにセルフイメージが小さくなってしまった結果、「パフォーマンス」の質が一時的に落ちただけなのです。

すでにお話しした通り、もともと備《そな》わっているスキルを十分に引き出すには、セルフイメージを大きくしておく必要があります。この関係は、水（スキル）と蛇口《じゃぐち》（セルフイメージ）をイメージしてもらうとわかりやすいでしょう。

セルフイメージが大きい状態というのは、蛇口の栓《せん》が大きく開いている状態と同じです。そのとき、水道から出る水も勢いよく流れ落ちてきますね？　このときの水の勢いが、そのままパフォーマンスのクオリティーにあたるのです。

反対に、セルフイメージが小さい状態というのは、蛇口を「閉」の方向にひねることですから、水の勢い（パフォーマンスの質）も低下するというわけです。

もちろん、もともと水量が少ない（スキルが低い）場合は、いくら蛇口を全開にしても、水の勢いが増すことはありません。つまり、よいパフォーマンスを発揮するためには、スキルを高める（水量を多くする）ことと、セルフイメージを大きく保《たも》つ（蛇口を全開にする）こと、その両方が必要なのです。

「セルフコンセプト」は心の方向性を決める

「なんとなく今日は調子が悪い」「大事な試合で緊張している」「格上相手で萎縮《いしゅく》している」な

どというときは、「もうダメだ」「怖《こわ》い」「早く終わってくれ」と弱気になってしまい、セルフイメージは縮小してしまいます。そうなるとよいパフォーマンスも発揮できませんから、ますますセルフイメージは縮小していく一方です。

すでにお話ししたように、セルフイメージの大きさは常に変化しています。

しかし、もっと怖いのは「ダメだ」「怖い」「嫌だ」といった、セルフイメージを縮小させるようなマイナスの気持ちが続くと、まるで雪が降り積もって硬い根雪《ねゆき》になっていくように、心も柔軟性《じゅうなんせい》を失ってネガティブな方向に凝《こ》り固《かた》まってしまうということです。

この〝心の方向性〟のことは「セルフコンセプト」と呼びます。

セルフコンセプトは、いわゆる固定概念や思い込みのようなものです。こちらはセルフイメージと違って、ひとたび方向性が固まってしまうと、なかなか変えることができないところがやっかいです。

私たちは日々、ささいな出来事に対して、すぐに落ち込んだり、悩んだり、不安になったり、ムカついたり、ガッカリしたりしてしまいます。

また、「どうせ無理だろう」「この人は苦手だ」「これは嫌い」などというネガティブな固定概念や思い込みから抜け出すことも難しいでしょう。

たとえば、「うちのDF陣《ディフェンス》は競《せ》り合《あ》いに弱いからダメだ」「グラウンドの状態が悪いとイライラする」「あいつのミスのせいで負けた」「あっ、コーチが自分に対して怒っている」などと、いつも「他人」や「環境」を言い訳にして、自分からネガティブな思考に陥《おちい》っていないでしょうか？

じつはこんなことを思いながらも、うまくいかない理由を自分以外の何かに求めるほうが楽ですし、自分を変える必要もありませんから、意外に居心地がよいのです。

いつも遅刻をする人が、たまたま集合時間より早く到着すると、なんとなく落ち着かない理由は、みんなに迷惑をかけながらも、「遅れたことでみんなからかまってもらえる自分」に〝居心地のよさ〟を感じているからです。だからこそ自分を変えることは、とても難しいのです。

しかし、こうしてネガティブな固定概念や思い込み（＝セルフコンセプト）を頑固に持ち続けて変わろうとしない人は、パフォーマンスに直結するセルフイメージの状態を「他人」や「環境」に〝決めてもらっている〟のと同じです。

そんなのは、つまらないと思いませんか？　何より、自分の思う通りに都合よく「他人」や「環境」などの条件がそろうことなど、そう滅多《めった》にはありません。そんな偶然をひたすら待ち続けても、あまり意味がないでしょう。

「気づくこと」が「変わること」への第一歩です。ポジティブなセルフコンセプトを育成するための具体的な方法については、次の第4章で詳《くわ》しくお話ししますので、ここでは自分自身の心の中を、もう一度よく見つめ直してみてください。

〝心のiPod《アイポッド》〟がパフォーマンスを左右する

みなさんは、iPod《アイポッド》をお持ちでしょうか？

ご存じのようにｉＰｏｄは、たくさんの曲を記録し、再生することができる音楽プレイヤーですが、記録していない曲は再生できませんよね？　じつは心の中も、このｉＰｏｄと同じような仕組みになっているのです。

「楽しい」「ワクワクする」「好き」といったセルフイメージを大きくするようなポジティブな曲をたくさん入れておくと、当然そういった曲が再生されます。

反対に、「ダメだ」「つまらない」「嫌い」といったセルフイメージを縮小させるネガティブな曲ばかり入れておくと、そんな曲しか再生されません。

この場合、「曲」にあたるのは、日常生活の中で起こる出来事に対して、そのとき自分がどう感じ、どう思ったかという、その時々の「感情」や「思考」そのものです。

通常のｉＰｏｄは、好きなときに好きな曲を自分で選択して再生できますが、〝心のｉＰｏｄ〟は、自分でコントロールすることができません。厳しい状況に追い込まれると自然にスイッチが入り、自動的にたくさん入っている曲（＝「感情」や「思考」）を選んで再生してしまうのです。

つまり一度ネガティブなセルフコンセプトが出来上がると、試合中に勝負を決めるＰＫ《ピーケー》などの大事な場面がやってきたときに、いくら自分では頑張ろうと思っても、自然と心のｉＰｏｄのスイッチが入って、イヤ～な曲、たとえばジョーズがやって来るときのように不安な音楽が流れてきてしまいます。すると、当然セルフイメージは小さくなりますから、消極的なプレーに終始《しゅうし》することになり、結果的にパフォーマンスの質を落としてしまうのです。

このメカニズムは、サッカー以外の場面でも同じように働きます。

たとえば、苦手科目でいつも成績が思わしくないのはなぜでしょうか？　テストのたびに「今度こそは」と頑張ってみても、どうしてもうまくいかないという人はいませんか？

理由を一言で説明すると、それはあなたの中に〝苦手〟というセルフコンセプトが存在するからです。

いくら頑張ろうと思っても、試験中はもちろん、その前の授業や試験勉強中にも〝心のｉＰｏｄ〟から「つまらない」「わかりっこない」「嫌い」といったネガティブな音楽が再生されるため、満足にパフォーマンスを発揮することができず、最後は「やっぱり苦手だった」という結果を〝自ら〟招いてしまうのです。

さらに、こうした一連の思考や行動を何度も繰り返すうちに、最終的には「苦手であること」や「点数が悪いこと」が当たり前になってしまいます。

一方、得意科目の場合は、これとまったく反対の反応が起きています。

〝得意〟というセルフコンセプトが存在すれば、それにしたがってポジティブに考えるようになり、そのように行動しますので、セルフイメージも常に大きく保たれ、最終的に「得意であること」や「点数がよいこと」が当たり前になるという好循環《こうじゅんかん》が生まれるのです。

こうしてその後のすべての行動が決定してしまうのですから、ポジティブなセルフコンセプトがいかに重要かがわかりますね。

では、このメカニズムを、将のケースに当てはめて考えてみましょう。

桜上水中よりもはるかに格上の強豪《きょうごう》・武蔵森学園の一軍を相手に、「よしっ！」と気合を入れて臨《のぞ》んだ将たちでしたが、開始二分であっさりと先制され、すぐに追加点を奪われるという絶望的な展開が待っていました。しかし、将はポジティブな感情のままセルフイメージを大きく保ち続け、結果的に敗《やぶ》れはしましたが、武蔵森を十分に脅《おびや》かすことができました。

みなさんもよく知っているように、将は技術的・体力的に特別な選手というわけではありません。しかし、ただ一つ、ほかの選手たちとは決定的に違っていることがありました。

それは、どこまでもポジティブな思考や行動を選択し続ける〝心の方向性（＝セルフコンセプト）〟です。

将の心の中には、苦しい立場に立たされても決してめげず、「絶対にあきらめない」というセルフコンセプトが存在したため、武蔵森との試合で厳しい状況に追い込まれたときにも、〝心のｉＰｏｄ〟はセルフコンセプトの方向づけにしたがい、自然とポジティブな曲を再生し続けました。そのおかげで将は勇気づけられてセルフイメージが大きく保たれ、最後まで逃げずに戦い続けることができたのです。

このように、ポジティブなセルフコンセプトを持つ選手は、どんな状況に置かれても常にベスト・パフォーマンスを発揮することができるのです。

「心のメカニズム」は体調と基礎体力の関係と同じ

感情や環境の影響を受けて短期的なサイクルで刻々と変化するセルフイメージは、たとえれば体調（＝physical condition）のようなものだと言えます。

一方、長い時間をかけて作り上げられるセルフコンセプトは、基礎体力（＝physical strength）にあたります。

そして両者の関係は、それぞれ独立したものではありません。常に体調がよく、効果的なトレーニングを行うことができれば基礎体力も向上しますし、基礎体力が向上すれば、体調がくずれることも少なくなることは、みなさんも経験的によく知っていると思います。

じつは心の仕組みも、これとまったく同じなのです。

セルフイメージを大きく保つように意識してトレーニングを積んでいけば、やがてそれが習慣となり、ポジティブなセルフコンセプトとして定着していきます。これが次の章で詳しく紹介する「ライフスキル・トレーニング」です。

一流プレイヤーたちは、みんなそうやって自分自身をコントロールしつつ、大舞台で活躍しているのです。

では、そのためにはいったいどうすればよいのでしょうか？

続きは、次章の「ライフスキル・トレーニング」でお話ししましょう。

コラム❶「下意識《かいしき》」とは？

将がフェイントをマスターするため、おやっさんのおでん屋の脇《わき》で、功兄《こうにい》にもらった世界の一流選手たちのDVDを見ながら、一人黙々《もくもく》と練習に励《はげ》んでいたことを覚えているでしょうか？

　そこで将は、『意識すると　動きが　ぎこちなくなる』『ぼくは　不器用《ぶきよう》だから　考えなくても　とっさに反応できるようになるまで　反《はん》復《ぷく》練習するしかない』と考えます（第1巻70ページ）。

　たとえ世界に名を馳《は》せるような一流選手でも、サッカーを始めたばかりの頃《ころ》は、このときの将のように、一つひとつの動作を「意識」し、自分の動きを確認しながら、ぎこちなく覚えていったことでしょう。

　これが「意識」のレベルです。

　フェイントだけに限らず、パスやシュート、トラップなどの技術を初めて覚えようとするときも、この段階を必ず踏《ふ》むことになります。

　もちろん、このままでは試合には使えません。秒単位で目まぐるしく展開が変わるゲーム中は、いくつもの状況判断を並行して行うため、一つひとつの動作に意識を集中させる余裕など、どこにもないからです。

　それでも、繰《く》り返《かえ》し練習を積《つ》んでいくうちに、やがて技が身についてきます。つまり動作を意識しなくても体がスムーズに動くようになるの

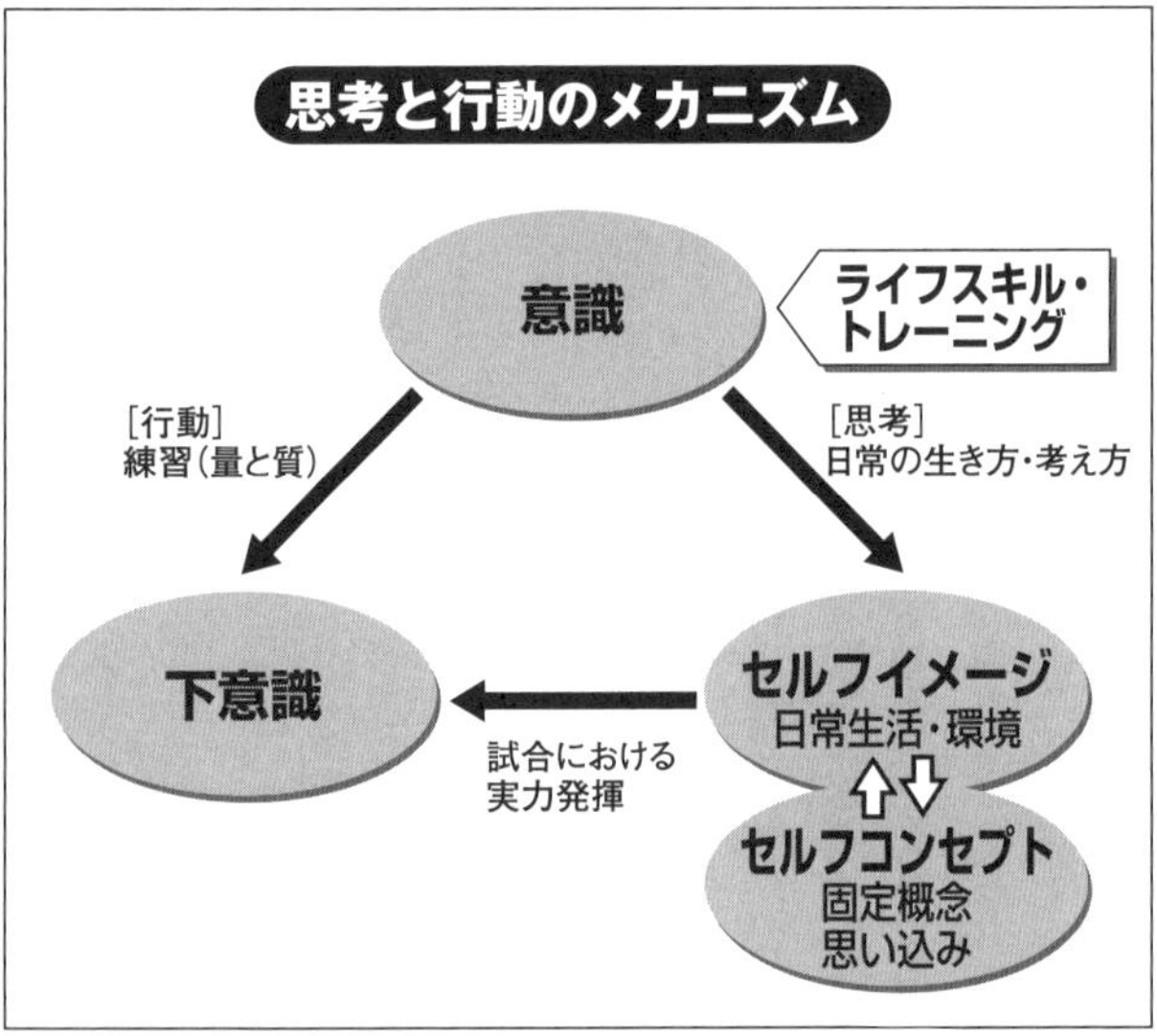

思考の面でも行動の面でも、「いつでも・どこでも」
100％のパフォーマンスを発揮できるようになるために
実践するのがライフスキル・トレーニング。

です。それは「意識」のレベルを超えて、「下《か》意識《いしき》」で技を身につけたからです。

「下意識」というのは、将の言葉を借りると「考えなくてもとっさに反応できる」状態のことを指します。

みなさんはごはんを食べるとき、とくに意識することなくスムーズにお箸《はし》を動かすことができるでしょう。それと同じように、「下意識」で身につけたスキルは、頭の中で「次はこうしよう」などと意識することなく、体が勝手に動いてくれるのです。

ドリル系の練習は、下意識に運動動作を覚えさせるためにやるのです。

こうして「意識」の領域からスタートし、反復練習によって「下意識」のレベルへ落とし込む作業を繰り返すことによって、プレイヤーとしてのレベルはどんどんアップしていきます。

つまり、「下意識」というのは、スポーツ選手の「実力」のことであり、一流選手ほど、この領域が大きいというわけです。

ただし、「下意識」で身につけた技術が、実際の試合で発揮できるかどうかは、「セルフイメージ」の大きさに影響されます。その詳《くわ》しいメカニズムについては、第3章でお話ししていますので、参考にしてください。

［第4章］ライフスキル・トレーニング

本番に強くなる！

いつでもどこでも実践できる勝利の習慣——

心の状態を自分の意思でコントロールできるようになれば、
思い描いた〝なりたい自分〟にどんどん近づいていきます。
そして「あきらめない自分」「本番に強い自分」になるために
普段の生活の中で実践するのが、ライフスキル・トレーニングです。

俺はハンサム
俺は
かっこいい
俺はモテモテな
イケメン

シューズ磨《みが》きがトレーニングの場になる⁉

みなさんはサッカー部に入部してしばらくの間、雑用ばかりをやらされた経験はありませんか？　あるいは、ひたすらグラウンドを走らされたり、キツいしごきを受けたりした経験があるとしたら、そのときはどんな気持ちになりましたか？

武蔵森学園の三軍にいた頃の将もまた、なかなかボールに触《さわ》らせてもらえず、雑用に追われる日々を送っていました。一軍選手のサッカーシューズを磨《みが》いている途中にもかかわらず、二軍選手のシューズが目の前にどっさりと積《つ》まれて『朝までに手入れしとけよ』と言われてしまう――来る日も来る日もそんなことの繰《く》り返《かえ》しでしたから、三軍の部員たちはみんな『やだよー　おれ…　こんな毎日』と、気持ちが折《お》れそうになっています（第3巻35ページ）。

いわゆる「下っ端《したっぱ》」の経験がある人なら、彼らの気持ちが痛いほどわかるのではないでしょうか？　でも、ここで彼らと同じように愚痴《ぐち》ってしまったり、悲観的になったりしてしまうと、前章でお話ししたように、ネガティブな感情によってセルフイメージはどんどん小さくなってしまいます。

では、将はどう考え、どういう行動をとったのでしょうか？

じつはこのときの将の思考と行動にこそ、自分の心の状態を自分でコントロールするためのヒントがあるのです。

将だって本当はボールに触りたいし、グラウンドに飛び出していきたかったでしょう。それでも、逆算《ぎゃくさん》思考が身についている選手は、試合で活躍している未来の自分を常に意識し、そこへ近づくために〝今、自分ができること〟に集中できます。その〝未来の自分〟〝なりたい自分〟というイメージがあるからこそ、苦しい現状も受け入れることができるのです。逆に言えば、先のことが見えていない足《た》し算《ざん》思考の選手は、現在の環境だけにとらわれるため、嫌になってしまうというわけです。

実際、将はこの場面で、一軍と二軍のシューズの手入れの仕方や、スタッドの抜き方をチェックして「ひょっとしたら、どこかにうまくなる秘密が隠されているのかもしれない」というポジティブな思考を選択しています。それだけでなく、そこで気づいたことをほかの部員に笑顔で伝えることによって、くじけそうになっていたみんなの気持ちさえも明るく変えてしまいました。

――このシチュエーション、すでにどこかで出てきませんでしたか？

そうです、前章で紹介した、武蔵森との試合の状況に、よく似ているのです。

このシューズ磨きで将が選択したポジティブな思考（＝曲）は、いったん〝心のｉＰｏｄ〟に記録されたはずです。そして武蔵森との試合で苦しい状況に追い込《おこ》まれたときに再生され、将を勇気づけてくれたのでしょう。そのためにセルフイメージは縮小することなく大きく保《たも》たれ、結果として絶望的な状況にもかかわらず最後まであきらめずに戦うことができた――そう考えてみてください。

すると将にとっては、シューズ磨きという地味な作業でさえ、セルフイメージを大きく保つ

普通なら絶望的な状況の中でも、
将は決してポジティブな姿勢をくずさない。
その小さな積み重ねが、やがて“ここぞ”という場面で生きてくる。

『ホイッスル!』第3巻 35ページ

トレーニングになっていたことがわかります。

将は、最初からすごい技術を持った選手だったわけではありませんし、ズバ抜けた身体能力を持っていたわけでもありません。ごく普通の、どこにでもいるような選手でした。

それでも、短期間で驚くほどの成長を遂《と》げられた秘密の一つは、苦しい状況に立たされても悲観的になったりせず、ことごとく前向きに受け止めたことです。

いきなりすごいプレイヤーになることは難しいかもしれませんが、誰でも、将のようにポジティブな心の習慣を身につけることはできるでしょう。そうすれば、やがて自分の心の状態を自分でコントロールし、常に最高のパフォーマンスを発揮《はっき》することができるようになっていくのです。

一流選手に共通する「ライフスキル」

自分自身の感情やストレスをコントロールしたり、目標を設定してモチベーションを高めたり、チーム内で円滑《えんかつ》なコミュニケーションを図《はか》ったり、リーダーシップを発揮して集団を統率《とうそつ》したり、今やるべきことに全力を尽《つ》くすといったメンタル面の各能力のことを、応用スポーツ心理学では「ライフスキル」と呼びます。

ただし、これらの能力はスポーツの現場に限らず、私たちの日常生活の中でも必要なものばかりです。つまり、ライフスキルは「生きる力」とも言えるのです。

将はもちろん、プロやオリンピックなどで活躍するアスリートたちも、ほぼ共通したライフスキルを備《そな》えています。たとえば、次のようなものが挙《あ》げられるでしょう。
◎何事にも貪欲《どんよく》かつ素直で、指導者のやる気さえ起こさせる
◎技術・感情・コンディションなどを自分の言葉で伝えられる
◎努力を怠《おこた》らず、感謝の心を忘れない
こうして眺《なが》めてみると「さすがに一流の選手は違うな」と感じる人も多いかもしれません。

では、このような彼らのライフスキルは、すべて有名になってから身につけたものでしょうか？

答えはNOです。一流と呼ばれる選手は、ほぼ例外なく技術的にまだ未熟だった無名時代に、こうしたライフスキルを身につけています。そして、しっかりしたライフスキルを身につけたからこそ、技術を磨き、安定して最上のパフォーマンスを発揮し続けることのできるスーパースターになれたと言えるのです。

ここで強調しておきたいのは、たとえ今現在、他人より運動能力に恵まれていなくても、チームメイトを引きつけるリーダーシップを備えていなくても、トレーニングさえ積めば、ライフスキルはどんどん磨かれていくということです。すなわち、あなたがもし仮に今、かつての将のように補欠で、雑用ばかりに追われる日々を送っているとしても、一流選手になれる可能性は十分にあるということです。そう考えると、なんだかワクワクしてきませんか？

私はこれを、ただの精神論や理想論で言っているわけではありません。学生からプロまで、毎日選手と向き合ってきた経験から言っているのです。

これまで何度もお伝えしてきましたが、みなさんの中にも、将になれるポテンシャルは確実に眠っています。そして、その力を引き出してくれるのが、「ライフスキル・トレーニング」なのです。

自分のセルフイメージは自分で決める

ライフスキル・トレーニングは、簡単に説明すると「いつでも、どんな状況でも、常にセルフイメージを大きく保つよう訓練すること」です。

ただ、「言うは易《やす》し」で、いざ実行するのは、とても難しいのも事実です。なぜならセルフイメージというのは前章でお話ししたように、さまざまな条件によって大きくなったり、あっという間に小さくなってしまったりと、その時々で容易《ようい》に変化してしまうものだからです。

では、どんな要素がセルフイメージに影響を与《あた》えると思いますか？

セルフイメージの変化（＝感情の変化）に強く影響するのは、「環境」「経験（結果）」「他人」「自分」の四つです。

天気が悪い（環境）、PK《ピーケー》を外《はず》した（経験・結果）、コーチに怒られた（他人）、失敗する気がする（自分）など、すべての条件は、この四つに分類できます。

さて、あらためてこの四つをよく見てください。何か気がつきませんか？

そうです、この中で「環境」「経験（結果）」「他人」の三つは、私たち自身の力ではコントロールすることができないということです。しかし、残る一つの「自分」だけは、唯一《ゆいいつ》、自分自身で自由にコントロールすることができるのです。

実際、武蔵森学園でシューズ磨きをしていたときは、将もほかの部員たちも「一年生で三軍、先輩たちに押しつけられた雑用に追われる日々」だったわけですから、「環境」「経験」「他人」の三つは全員同じ条件でした。しかし、将とほかの部員が違っていたのは、最後の一つである「自分」の中に存在する思考や感情だったことを思い出してください。

前向きな〝独《ひと》り言〟をひたすら繰り返す

私たちはいつも、人の話を聞いたり、映画を見たりしていても、「面白いな」「ちょっと違う気がする」などと、常に心の中であれこれと考えています。声に出す言葉ではなく、こうした自分自身と対話する言葉のことを「セルフトーク」と呼びますが、これは普段、何気なく心の中でつぶやく「独《ひと》り言」と同じようなものだと考えてください。

ある出来事が起きた場合、それに対応して行うセルフトークの内容は、大きく分けて「ポジティブ」か「ネガティブ」の二つしかありません。

たとえば将は、次から次へと押しつけられる雑用に対して『大変だったけど　いろんなことがわかって楽しかった』、キツいしごきに対して『一緒にがんばってる友達がいたから　がんばれた』など、とてもポジティブなセルフトークを展開していることがわかると思います。

では、実際の試合中に訪れる厳しい状況ではどうでしょう？

たとえば、決定的なスルーパスを受ける瞬間、トラップミスをしてしまった。キーパーと一対一という絶好の場面で、シュートが大きく枠《わく》を外れてしまった。味方キーパーにヘディングでバックパスをしたつもりなのに、そのままゴールに吸い込まれてオウンゴールになってしまった――。

いずれもショックのあまり、セルフイメージは限りなく小さくなってしまうかもしれません。こんな状況では、ポジティブなセルフトークなど、とてもできないと感じるでしょう。

しかし、本当にそうでしょうか？ 仮に、模試や学校の定期テストの結果が悪かったときのことを考えてみてください。この場合、足し算思考のままでは、すっかりやる気をなくしてしまうと思います。しかし、ここで逆算思考を働かせてみましょう。あなたの本来の目的はどこにありましたか？ それは言うまでもなく、志望校の合格です。

そこさえブレなければ、模試やテストの結果（現状）を冷静に受け入れた上で、「明日からやるべきこと（課題の克服《こくふく》）に集中しよう」、あるいは「本番で合格すればいいんだ」という前向きなセルフトークを展開することができます。だからこそ、落ち込む暇《ひま》などなく、逆にモチベーションのアップにつながることさえあるのです。

さきほどの例で言うと、トラップミスも、シュートの失敗も、オウンゴールも、もちろん重大なミスです。この自分のミスにだけに意識が向くと、どうしても視野が狭《せま》くなってしまい、どんどんセルフイメージが縮小していくでしょう。

しかし、前述のように、「経験（結果）」は、すでに起きてしまったことなのですから、どうあがいても自分の力で変えることはできません。そんなことより、一刻も早く冷静さを取り戻すほうが、あなたにとってもチームにとっても、はるかに重要です。

ですから、こんなときこそ逆算思考を働かせて「何のために戦っているか？」を、もう一度思い出しましょう。その上で、「チームが勝てばいいんだ」「そのために、今の自分ができることに集中しよう」などといったセルフトークを試《こころ》みてください。最初は沈んだ気持ちのままでも構《かま》いません。とにかく言葉にすることが大切です。

このように、逆算思考をベースにしたセルフトークをいつも意識していれば、やがてセルフイメージは縮小することなく、大きいまま保たれるようになるでしょう。これを何度も何度も繰り返し続けていけば、やがて潜在《せんざい》意識の中にポジティブなセルフコンセプトが形成されていきます。

心が自動的にポジティブな選択をするようになる――ライフスキル・トレーニングの目的はまさにここにあります。ここまで来れば、将のようにどんな状況に立たされても、常にセルフイメージを大きく保ち、ベスト・パフォーマンスを引き出すことができるようになるのです。

言葉は心を作るための食物

一方、足し算思考から抜け切れず、いつもネガティブで消極的な言葉を選んでしまう選手は、どうなってしまうのでしょうか？

たとえば試合で厳しい状況に直面すると、知らず知らずのうちにネガティブなセルフトークを展開してしまうでしょう。心の中で「もう疲れたよ」「やっぱり無理だった」「早く終わってくれないかな」とつぶやくと、それに同調してセルフイメージも小さくなってしまうわけですから、実力が発揮できないのは当然の結果と言えます。

言葉とは、それほどパフォーマンスと密接な関係にあります。

なぜ言葉がそれほど重要なのでしょうか？

たとえば、言葉は心の栄養素だと考えてみてください。私たちが毎日口にする食べ物で体が出来上がるように、毎日耳にする言葉で心が作られるのです。

仮に、体に悪い食べ物を口に入れていると、次第に体調をくずしたり、急にお腹を壊《こわ》したりするでしょう。それと同じように、心にとってよくない言葉を口にしたり、耳に入れたりしていると、心も調子をくずしてしまうのです。

誰かに何かをしてもらったときは「すみません」ではなく「ありがとうございました」のほうが、気持ちが明るくなります。あるいは、練習が終わったら「疲れた」と口にするより、「今日は頑張ったな」と言ったほうが、なんだか晴れやかな気分になると思いませんか？

このように、みなさんも自分自身のために、責任を持ってよい言葉を発するようにしてください。

日常生活の中でトレーニングを繰り返す

しかし、これまで説明したことをただの知識として頭で理解しているだけでは、ライフスキル・トレーニングを積んだことにはなりません。もちろん実際の試合でも役には立ちません。

「ポジティブ・シンキングが大事」ということはよく知っているつもりなのに、いざ厳しい状況に追い込まれると、悲観的な思考にとらわれたり、消極的な行動をとってしまったりするのは、ポジティブ・シンキングがまるで身についていない証拠です。

ライフスキル・トレーニングは、〝いつでも・どこでも〟が基本ですから、毎日欠《か》かさずトレーニングを実践《じっせん》してください。

それには、練習時間中だけ一生懸命《いっしょうけんめい》トレーニングに取り組んでいても、なかなか効果が表れてきません。それはフィールドに立っている時間よりも、普段の生活のほうがはるかに長いからです。

「日常生活の中で、パフォーマンスの質を上げるトレーニングを行う」と言われても、最初はピンとこないかもしれません。なかには「サッカーの練習以外でうまくなれるわけがない」と思う人だっているでしょう。

でも、そんな人は、前章でお話しした「パフォーマンスとスキルの関係」を、もう一度よく思い出してください。

毎日グラウンドで行うサッカーの練習は、スキルを高める（水量を多くする）ためのものでしたね？　一方、ライフスキル・トレーニングは、セルフイメージを大きく保つ（蛇口《じゃぐち》を全開にする）ためのものです。つまり、スキルを上げるトレーニングとセルフイメージを大きく保つトレーニングは、別々に行う必要があるのです。

そう考えると、パフォーマンスの質を上げる（勢いよく水を出す）ためのトレーニングの場はグラウンド上だけではなく、日常生活の中でも十分に積んでいけることに気づいてもらえると思います。だからこそ、ライフスキル・トレーニングは〝いつでも・どこでも〟実行できるというわけです。

ためしに、ある一日を、ネガティブなセルフトークだけの日、次の一日をポジティブなセルフトークだけで過ごす日と決めて、実践してみてはどうでしょう？

「ネガティブなセルフトークの日」は、目が覚めたときから「つまらない」。朝ごはんがおいしくない。授業は苦手科目なので退屈《たいくつ》。放課後、サッカー部の練習では先輩に叱《しか》られてばかり。夜、家に帰っても、部活で疲れているから何もしたくない……さあ、どうですか？

次の日は「ポジティブなセルフトークの日」です。朝、目が覚めたときから、今日も一日頑張ろうと前向きに考えましょう。お母さんには朝ごはんを作ってくれて「ありがとう」。嫌いな科目も、とりあえず授業を集中して聞いてみます。少しわかりかけてきただけで、嬉《うれ》しくなりますね。放課後の練習では、先輩のアドバイスに感謝。部活で夜遅くまでみっちり練習して「今日は俺、すごく頑張ったじゃん！」と、自分で自分を褒《ほ》めてあげましょう。

なんだか、イメージするだけでも楽しくなってきませんか？

「いつでも・どこでも」ライフスキル・トレーニングを実践するために、フィールド内はもちろん、日常生活で繰り返し使う膨大《ぼうだい》な言葉や思考、感情の一つひとつを大切にしましょう。その小さな積み重ねが、〝ここぞ〟という大事な場面で生きてくるのです。それを忘れないようにしてください。

自分ツールを駆使《くし》して自分のセルフイメージを決定する

自分のセルフイメージを自分で決めるための道具として、私たちには「言葉」のほかにも、「いつでも・どこでも」使える万能の「自分ツール」が与えられています。

これはみなさんもごく当たり前のように持っている「思考」「表情」「態度」などのことです。「なんだ、そんなものか」とガッカリしないでください。

どんな苦境に立たされても、まっすぐに顔を上げ、背筋を伸ばし、前をしっかり見つめることはできますよね。そして、将のように「よっしゃ!」と自分に気合を入れる――そんなポジティブな表情や態度を選択すれば、心もまた自然にポジティブな方向に向かうのです。このとき、同時にネガティブなことを考えられるほど、人は器用ではありません。

当たり前のように持っていて、「いつでも・どこでも」使えるからこそ、「自分ツール」は万能なのです。一流選手たちもみんな、これらの自分ツールを駆使《くし》して、自分のセルフイメージを自分自身で決めているのです。

こうしたことに注意しながらトレーニングを続けていくと、あるとき変化が起こります。ライフスキル・トレーニングを始めたばかりの頃は、悲観的な出来事に対して自分で意識しながらポジティブな言葉や思考を「選択」するようにしていたのに、いつしか感情やストレスをコントロールしたり、目標設定をしてモチベーションを高めたり、今やるべきことに全力を尽くすといったことが、ごく自然に、当たり前のようにできる選手になっています。

ちょうど、お箸《はし》の使い方をマスターしたり、自転車を乗りこなせるようになったときと同じように、スキルが身につけば、とくに自分で意識しなくても自然とできるようになるのです。

この段階に到達すれば、すでにポジティブなセルフコンセプトが確実に存在している状態です。実際、思考や行動もポジティブに変わり、もちろん試合中にセルフイメージが縮小することも少なくなり、高いパフォーマンスを発揮できる選手になっているはずです。

このようにライフスキル・トレーニングを積んでいけば、自分で思《おも》い描《えが》いた通りの選手像に、自分からどんどん近づいていくことができるのです。

これは夢物語などでは決してありません。実際に「本番に弱い」と自ら公言《こうげん》していた選手が見事に変貌《へんぼう》していく姿を、私はこれまでに何人も目《ま》の当《あ》たりにしてきました。

もう一度言います。すべては日常生活から始まります。みなさんが戦うフィールドは、日常生活の延長上にあります。ごはんを食べているときも、通学途中も、テレビを見ているときも、友達と遊んでいるときも。一人のときも、誰かと一緒のときでも。もちろん、みなさんが、まさに今、この本を読んでいるその場所も、トレーニングの場です。

そこで発する一つひとつの言葉や思考、感情は、すべて後日手にする大きな勝利につながっているのです。

将のように、どんな状況でもあきらめずに戦うプレイヤーになりたい――そのための第一歩は、いつでもどこからでも踏《ふ》み出《だ》せます。

みなさんも、まずはこれまでの日常生活を振り返ってみるところから始めてみましょう。

地域限定
幻のカップメン
幻の漢麺
小遣い
残り500円
これを使ったら
今月どう乗り切る？
男なら
いけーー！
ショーエイ!!
買っちゃえ
買っちゃえ

[第5章] エッジに立つ

チャンスをモノにする!

恐怖感を味方にしてチャンスをつかむ――

勝負を避けてしまうのは、失敗を恐れる気持ちが原因です。
しかし、本気のチャレンジなら何度失敗に終わっても構いません。
むしろ勇気を持ってエッジに立つことを楽しみましょう。
チャレンジする勇気をお互いに認め合うことができれば、
結果的に、チャンスに強いチームへと変わっていきます。

【基本編】恐怖感を味方にして勝負へ立ち向かう

勝負から逃げずに〝やっちゃえ!〟

大事な場面で勝負から逃げてしまうのはなぜでしょうか?

たとえば、せっかくフリーでボールを受けたのに、相手との一対一を避《さ》けてバックパスを選択してしまったり、相手のカウンターを恐《おそ》れてディフェンスラインをズルズルと下げてしまったりするのは、勝負から逃げていると言われても仕方がありません。

これらのケースでは、いずれも「失敗したらどうしよう」という弱気な心理が働いています。したがって「勝負する」と決断するには、勇気が必要でしょう。

では、そんなシチュエーションが訪れても、常に逃げずに勝負できる選手になるためには、いったいどうすればよいのでしょうか?

答えは「やっちゃう」です。

一斉《いっせい》に「それができれば誰も苦労しないだろ!」という突《つ》っ込《こ》みが聞こえてきそうですが、あえて繰《く》り返《かえ》します。

答えは、「やっちゃえ!」です。

ここで「やっちゃう」と言っている行為のことを、私は「エッジに立つ」と呼んでいます。これさえ楽しめるようになれば、いつでも、どんな場面でも、自ら勝負を挑《いど》める選手になっていくことができるのです。

そこで本章では「エッジに立つ」というのが、いったいどんな行為を指すのか、そして、どうしたらいつでもどこでもエッジに立つことができるようになるのかを、お話ししていくことにしましょう。

エッジからジャンプする勇気を持つ

「エッジ」という言葉は「ふち」や「かど」という意味です。

では、「エッジに立つ」というのは、どういうことでしょうか？　91ページの図を使って説明してみましょう。

図の中で「エッジ」にあたるのはA地点です。将はいつも、この場所に立って練習や試合に臨《のぞ》んでいます。そしてこの崖《がけ》っぷちから、その先にある「成功」や「勝利」に向かってジャンプしているのです。

もちろん、いつも安全に飛び移れるわけではありません。

少しでもバランスをくずしたり、うまくジャンプできなかったりすると、断崖絶壁《だんがいぜっぺき》を真《ま》っ逆《さか》さまに落ちていく（＝失敗する・敗北する）ことになります。それでも将は、失敗を恐《おそ》れる気持ちに打ち勝ち、いつもギリギリの地点から勇気を持ってジャンプし、成功をつかもうとしています。

たとえば試合中の局面では、拮抗《きっこう》した場面でドリブル突破を図《はか》るシーン、あるいはMF《ミッドフィルダー》やDF《ディフェンダー》の選手が終盤の決定的なチャンスに、パスではなくシュートを選択する場面、また、ミスをした後にあえてボールをもらいにいくときなども〝エッジから飛ぶ〟ことにあたるでしょう。

一方、日常生活では、好きな人に「付き合ってください」と告白したり、たくさんの人が集まっている大事な会議で自分の意見を述べたりするのも、立派に〝飛ぶ〟行為と言えます。

このように、成功するかどうかわからない、場合によっては失敗する可能性のほうが高いとわかっていながら、それでも持てる力を振《ふ》り絞《しぼ》り、結果を恐れず思い切って挑戦することこそが、エッジに立つという行為です。

いわゆる「守りに入ったプレー」とは対極に位置する「攻《せ》めのプレー」を指していると言えば、わかりやすいでしょう。

一方、エッジから離れたB地点は安全地帯ですので、崖から転落する心配はありません。

こういう場所にいる選手は、身の安全が保障《ほしょう》された場所から、将のようにエッジに立つ選手の姿を眺《なが》めては、「ああでもない」「こうでもない」などと、まるで評論家のように第三者的な意見を口にすることもあります。

時には「グラウンドのコンディションが悪かった」、あるいは相手のプレッシャーがキツいということは最初からわかっていたのに「やっぱりプレスが速かった」など、自らエッジに立たない理由や、立てなかった理由を並べ立てたりするかもしれません。前を向いて勝負できる

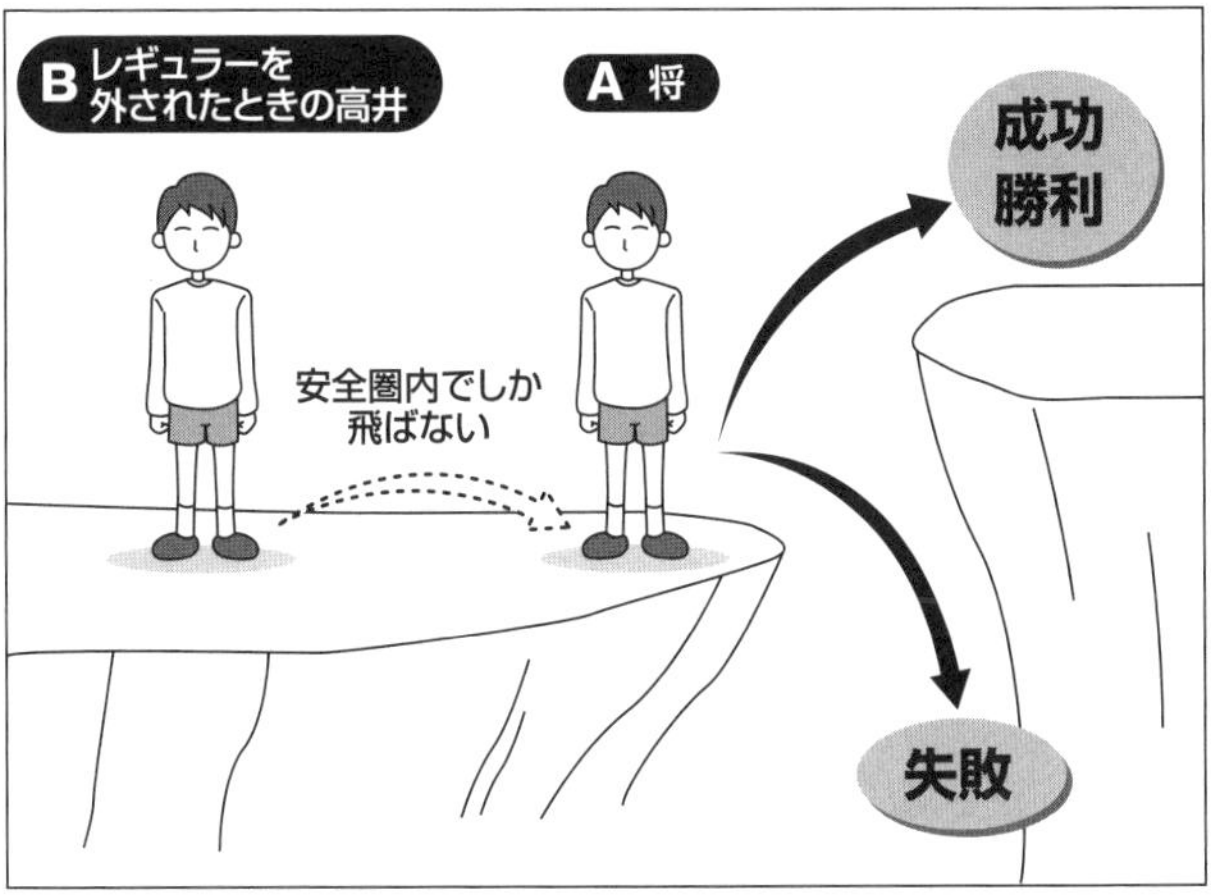
B レギュラーを
外されたときの高井
A 将
成功
勝利
安全圏内でしか
飛ばない
失敗

ときにバックパスをして、後から「自分よりもいいポジションに味方がいたから、あえてパスを選択した」などと言い訳をすることもあるでしょう。

元・新川電工《しんかわでんこう》の名選手だった松下コーチのもと、新生桜上水中サッカー部が発足《ほっそく》するとともに、レギュラーを外《はず》されてしまったときの高井の行動が、まさにそうでした。

しかし、彼は重要なことを見落としています。というより、わざと目を向けないようにしているようにも見えます。

たしかにB地点にいる限り、崖から転落することはありません。飛んだとしても安全圏内《あんぜんけんない》です。ただし、その代償《だいしょう》として、勝負所《しょうぶどころ》でシュートを決めたり、ゴール前で相手を抜き去ったり、勝負のかかったＰＫ《ピーケー》に成功したりといった、成功や勝利の喜びにも、決して届くことはないのです。それを手にできるのは、将のようにエッジに立つ選手だけです。

シュートを打たなければ得点は入らないように、リスクを冒《おか》さない限り、成功もまたあり得ません。そもそも宝くじだって自分で買わない限り、決して当たることはないのですから、考えてみれば、そんなのはごく当たり前のことです。

では、わかっていながら、なぜ勝負の場面では弱気になって逃げてしまうのでしょうか？

失敗を恐れるとセルフイメージが縮小する

ここまで説明したところで、何か気づいたことはありませんか？

エッジに立てるときと、立てないときの違いは……そうです、ここでもセルフイメージの大小が大きく影響してくるのです。

レギュラーの座を外されたとき、高井が将に対して言った『俺はダメだよ』『お前ほど強くねーんだ　俺』(第4巻148ページ)という言葉を見ると、セルフイメージが小さくなっていることは一目瞭然《いちもくりょうぜん》でしょう。

これは何も、高井に限った話ではありませんし、特別に珍しい出来事というわけでもありません。たとえば、次のようなことに思い当たる人はいないでしょうか?

相手のプレッシャーがキツく、自分がパスを受けてもうまくさばく自信がないため、ボールを呼び込む動きをできるだけ避けてしまう。もし運悪く(!?)ボールをもらったとしても、すぐに味方に預けたりして無難なプレーに終始《しゅうし》してしまう——。

とくに味方や後輩、コーチ陣にヘタだと思われたくない人は、極端に失敗を恐れる傾向があります。そうすると、どうしても「ボロを出さないようにしよう」と考えてしまい、絶対に失敗しない安全なプレーばかりを選択するのも無理はありません。

でも、そんな状況に陥《おちい》ってしまうと、シュートを打つという単純なプレーでさえ怖《こわ》くなってエッジに立てなくなってしまうのです。逆に、難しいプレーのほうが「ダメでもともと」と開き直ってチャレンジできることだってあるでしょう。

どんなに単純で簡単なプレーでも、常に失敗する可能性はあります。まして、成功するかどうかわからないプレーに挑戦するのは、いつだって怖いことでしょう。みなさんが現在、すごいと思うようなトップレベルの選手ですら、昔はそうだったと話してくれますし、ましてや

〝すごくなかった〟私自身も、選手時代は「もしここで失敗して次にメンバーから外されてしまったら……」などと内心ビビッてしまうことがしょっちゅうありました。

また、コーチに怒られることを恐れる選手もいますし、チームメイトの目が必要以上に気になってしまう選手もいるでしょう。そして何より、失敗する自分自身の姿を見られたくない、うまくいかない自分を直視したくない——そんなネガティブな感情に支配されてしまえば、当然セルフイメージが小さくなってしまい、結果としてエッジから自分を遠ざけることにつながってしまうのです。

できるまで〝何度失敗したっていい〟

では、どうすれば再びエッジに立つことができるようになるのでしょうか？

もちろん、セルフイメージを大きくしてあげればよいのですが、エッジに立てなくなってしまった選手に対しては、特別に効き目のある言葉があります。

ここで、中学生離れした天才プレイヤー・天城を擁《よう》する国部二中との試合を振り返ってみましょう。

前半残り五分のところで、控《ひか》えに回っていた高井に出番がやってきます。心臓がバクバクと音を立て、かつて味わったことのないほどの緊張感が全身を走りました。

『落ちつけ　練習したんだ　大丈夫さ』と考えようとしますが、『でも　もし失敗したら俺……』と、まさにエッジに立つか、それとも逃げてしまうかの瀬戸際《せとぎわ》で迷っている状態です（第5巻

96ページ）。

そんな高井の肩をポンと叩《たた》き、松下コーチはこんな言葉をかけました。

『失敗したっていいんだ　いや失敗しろ　できるまで何度でも失敗していい』

そして『頼むぞスーパーサブ』という言葉とともに、高井をフィールドへ送り出します（第5巻97〜98ページ）。

こうして新しい居場所（＝役割）を与《あた》えられた高井は、失敗への恐れを捨てて無人のサイドを駆《か》け上《あ》がり、絶妙なピンポイントクロスを送って将のゴールをアシストすることができました（第5巻１０４〜１０８ページ）。

じつはこのとき、松下コーチは「いい結果というのは、本気でぶつかったことのおまけみたいなものだ」とも言っています。そういう意味で、高井は最高の〝おまけ〟を手にすることができたわけですが、第4章でもお話ししたように、「結果」は自分の力ではコントロールできません。それなのに失敗を恐れてばかりいるようでは、セルフイメージはますます小さくなっていくだけです。

松下コーチの言う通り、今の自分の力を出し切ることだけが、選手自身にコントロールできる唯一《ゆいいつ》の行為なのです。

エッジに立ったプレーが失敗して決定的なミスを犯《おか》したり、あるいはそれが原因で大事な試合に負けたりしたら、もちろん落ち込んでしまうでしょう。しかし、どれほど失敗を繰り返しても、エッジに立ち続ける限り、何度でもチャンスはめぐってきます。逆に言えば、エッジに

本気でチャレンジした結果であれば、
成功しようと失敗しようと、誰も選手を責めることはない。
その安心感が、エッジに立つ恐怖を克服する原動力になる。

『ホイッスル!』第5巻 97ページ

立たない者は、失敗の恐怖から逃れられる代わりに、二度とチャンスもめぐってこない――つまり、成功もまたあり得ないというわけです。

少し過激な言い方をすれば、大切なのは「成功」ではありません。それは「チャレンジ」の結果でしかないからです。松下コーチは、まさにその「チャレンジすること」にこそ、全力でぶつかれと言ったのです。

だから、みなさんがもしエッジに立てなくなってしまったときは、「何度失敗したっていいんだ」というところまで腹をくくってしまいましょう。そこまで肝《きも》を据《す》えて初めて、一瞬一瞬のプレーに集中することができるようになるのです。

「何度も失敗する」ということは、「何度もチャレンジする」ということです。できるまで何度失敗したっていいんだ――そう思って試合に臨めば、どんな失敗に対してもセルフイメージが縮小することなく、次のチャレンジを仕掛けていくことができるようになるでしょう。

成長を妨《さまた》げる小さなプライドは捨てる

エッジに立つメリットは、まだあります。

それはたとえ失敗しても、成功を手にするまでには、あとどのくらい距離があり、どのくらい努力すればよいかという感触がつかめることです。

第１章の「逆算思考《ぎゃくさん》」でもお話ししましたが、目標へ到達するには「到達点」を明確にするだけでなく、「出発点（＝現在の自分の位置）」も知る必要があります。自分が今現在、「どこ」にいるのかがわからないと、正確な引《ひ》き算《ざん》はできませんよね？

たとえば、思い切って自分でシュートを打ってみないことには、自分の力が通用するのかどうかもわからないでしょう。それと同じことです。

仮にシュートが止められたら、それはキック力がないからなのか、コースが甘かったからなのか？　もし精度《せいど》が足りないと思えば、第2章で紹介した中田選手のように、シュート練習はサイドネットだけを狙《ねら》うなど、具体的な方法を考えることができます。エッジに立って自分をさらけ出すことによって、初めて「何が足りないか」、そして「何をすればよいか」がわかるため、練習の意識も自然と変わってくるのです。

失敗は一歩前に出るきっかけでもあります。失敗したら、練習で埋《う》めればいい。ただそれだけのことです。そう考えると、気が楽になりませんか？

どんなに才能豊かなうまい選手でも、必ずいつかは壁にぶつかります。そのとき、怖がってごまかしてばかりいると、「足りないもの」に自分で気づくチャンスを失うだけでなく、それをカバーするための練習もできません。

つまり、自分を客観的に見つめられず、エッジに立てない選手は、そこで終わってしまう——たった一度の挫折《ざせつ》を経験しただけで、成長が止まってしまう恐れさえあるのです。そのほうが失敗することより、はるかに怖いことだと思いませんか？

「できない自分を認めたくない」というのは、小さなプライドです。そんなつまらない理由で成長のチャンスを逃すことのないように、みなさんもどんどん失敗を重ねて、今の自分の実力を測ってください。

勝負を挑むときのスリルやドキドキ感を楽しむ

地区予選の三回戦、洛葉中《らくようちゅう》とのPK戦で五人目のキッカーとなったのは高井でした。彼はエッジに立てるようになった自分自身の変化を『前の俺だったらこんな場面 ビビって逃げ出してるところなのに…』『本気《マジ》でやれそうな気がする これって成長したってことか？』と、心の中で素直に明かします（第9巻131ページ）。そして「将や水野と肩を並べる！」という強い決意とともに右足を振り抜き、見事にPKを決めて大役を果《は》たしました。このとき、高井は素晴らしい笑顔を見せてくれましたよね？ そうです、この瞬間がスポーツは楽しいのです。

高井を見てもわかるように、エッジに立てるのは、何もうまい選手だけに限ったことではありません。恐怖感や緊張感という〝崖っぷち〟を飛び越える勇気さえ持てば、どんな選手だってエッジに立ち、歓喜の瞬間を味わうことができるのです。

エッジに立つ怖さに慣れ、いつでもジャンプする勇気が持てるようになると、勝負を挑むときの恐怖感や緊張感、ドキドキする気持ちが楽しいと感じられるようになるはずです。

その楽しさを理解できるようになれば、あとはいつでも自分から飛び越えようとするでしょう。このような「真剣勝負」の楽しさを知るプレイヤーが育っていくことで、チームとしても

勝負のかかった大きなプレッシャーの中、
高井は再びエッジに立てるようになった自分の
確かな成長を感じ取っていた。

『ホイッスル!』第9巻 131ページ

〝勝負できる集団〟に変わっていくことができるのです。

日常生活でも〝飛ぶ〟トレーニングができる⁉

とはいえ、最初からいきなり大きなチャレンジをするのは無理です。

まずは低い〝壁〟を設《もう》けましょう。そのためには、ライフスキル・トレーニングによって、セルフコンセプトを変えるところから始めてください。

これは私が指導した高校の選手の実際のエピソードですが、「セルフコンセプトを変えるためのチャレンジ」として、彼が最初に選んだのは、なんと「隣《となり》の家のお母さんに挨拶《あいさつ》する」ことでした。

大人から見れば「何だ、そんなことか」と思うかもしれません。しかし、年頃の男の子にとっては、とても気恥ずかしく、そして勇気がいるチャレンジだったに違いありません。しかも小学校以来、挨拶をしたことがないというのですから、なおさらです。

実際に、彼は「やる」と決めてから一週間、顔を合わせても挨拶ができなかったそうです。

それでも一週間後、思い切ってエッジに立ち、「おはようございます」と声をかけたところ、そのお母さんは最初は驚いたような顔を見せたものの、「今どうしてるの？」という他愛《たあい》のない話から始めて、十五分ほど会話をしたそうです。

それだけではありません。

その日はちょうど、彼の苦手な英語のテストがありました。これまでなら適当に答案用紙を埋めて切り上げ、さっさと教室を出てしまっていたそうですが、彼はその日、初めて時間いっぱいまで机に向かってテストを受けたというのです。

彼に詳《くわ》しく話を聞いてみると、朝の挨拶ですっかりセルフイメージが大きくなり、なんだかワクワクしてきて、英語のテストも「やってみようかな」という気になったんですよ、と話してくれました。

このように、どんなささいなチャレンジでも構《かま》いません。「親しくないクラスメイトに話しかけてみる」「道に迷っている外国人に英語で話しかけてみる」「たくさんの人が集まる会議で、とにかく発言してみる」など、日々の生活の小さなチャレンジは、すべてエッジに立って飛ぶトレーニングにつながっています。そして、チャレンジが成功したときの「できた！」という成功体験を繰り返し、「自信の貯金（49ページを参照）」を積《つ》んでいきましょう。

ただし、たとえば「赤信号の大通りを渡ってみる」「本人の目の前で悪口を言ってみる」など、モラルに反する行為は、決して〝崖を飛ぶ〟ためのトレーニングにはなりません。そんなことをしても後ろめたい気持ちが残り、セルフイメージが縮小するだけで終わってしまいます。あくまでも、「こうなりたい」というポジティブな自分に近づくための勇気あるチャレンジだけが、大事な試合でエッジに立てる自分を作り上げていけるのです。そのことを決して忘れないでください。

こうして「新しいことにチャレンジする」「苦手なことに取り組んでみる」といったチャレンジを積み重ねていけば、やがて大きく実を結び、大事な試合になればなるほど、みなさんに勇気を与えてくれるでしょう。
――それでもまだ飛ぶ勇気が持てないという人には、私からもう一度、この言葉を贈《おく》ります。

やっちゃえ！

ポンと背中を押されるようなイメージで、この言葉を思い出してください。
ストレスフルな状況の中で本気でチャレンジする気持ちさえあれば、何度失敗したっていいんです。勝負に挑むのが楽しいと感じるようになるまで、何度でも繰り返しエッジに立ち続けましょう。

【チーム編】チャンスに強くなるための超意識改革

「チャンスを確実に決める」のは無理!?

両チームの実力が拮抗《きっこう》した厳しい試合では「数少ないチャンスを確実に決めたほうが勝ち」と、よく言われます。みなさんも試合前、監督やコーチ、チームメイトから「チャンスを確実にものにしろ」と声をかけられたことが、一度はあるでしょう。

でも、この言葉、なんとなくおかしいと感じたことはありませんか？　そもそも試合前に突然そんなことを言われても、誰がすぐに実行できるというのでしょうか？

じつは「チャンスを確実に決める」ためにはワンステップ前にやるべきことがあるのです。

『ホイッスル！』の中で、東京都選抜の合宿最終日、紅白戦で印象的なシーンがありました。クラブユースのエリートでU-14《アンダーフォーティーン》ナショナル選抜のFW《フォワード》真田《さなだ》が、思った通りのプレーができずに焦《あせ》っていました。理由は、格下《かくした》だと思っていたBチームにボールを支配され、前線にボールが回ってこないからです。

イライラがつのっていたちょうどそのとき、同じクラブチームに所属する郭《かく》から絶妙なスルーパスが送られてきました。ところが真田は、この決定的なシーンで空振りをしてしまいます。

心配した郭が駆《か》け寄《よ》ってきましたが、真田は『大丈夫だ！　落ちついてるよ　次はこんなヘマはしない！　絶対！』と、目を合わせようともしません。しかしその後も真田はことごとくチャンスをつぶし、やがて自分を見失ってしまいました（第14巻128〜131ページ）。

チームメイトがこんな状況に陥《おちい》ってしまったときの立ち直らせ方については、第７章でお話ししますので、そちらも参考にしてください。本章では、なぜ真田は普段通りのプレーができなくなってしまったのか、その理由について考えていきましょう。

チャンスを生かせない本当の理由

このとき、郭は真田のことを『お前は相手を意識しすぎる』と説明しています。西園寺《さいおんじ》監督もまた『精神面がやや弱い』と、真田を評しています。

ただ、私はもう一つの理由として、「チャンスを確実にものにする」という考え方にも原因があったと思います。

「どうしてそれが悪いのか、よくわからない」という人も多いかもしれません。

そこで、もう一度よく考えてみてください。

「チャンスを確実にものにする」という思考は、「勝利」や「優勝」、「レギュラーの座」など、自分が欲《ほっ》するものにまったく手が届かないと思っているときや、逆にそれらが当たり前のように手中《しゅちゅう》にあるときは、決して表には出てきません。

そうではなく、自分が欲しいものにもう少しで手が届きそうなとき、あるいは手中にあったものが手から逃げそうなときに、初めてこの心理状態に陥るのです。すると多くの選手は「決めなければいけない」とか「決めて当然」というプレッシャーを背負ってしまいます。

当たり前のことですが、チャンスというのは、まだ「結果」を手にした状態ではありません。成功するか失敗するか、ちょうどその分岐点《ぶんきてん》に立った状態です。

メンタル面の弱い選手なら、ここで「失敗したらどうしよう」「このチャンスを逃したら二度とめぐってこないかもしれない」というネガティブな心理が働いてしまうのも無理はないでしょう。つまり、決定的であればあるほど、チャンスそのものが怖《こわ》くなってしまうのです。

これは、この章の前半でもお話しした、エッジに立てない状態です。失敗を恐《おそ》れるというのは、セルフイメージが縮小し、エッジから遠ざかった状態のことですから、パフォーマンスの質が落ちてしまうのも避《さ》けられません。

そう考えると、真田もまた「少ないチャンスを確実にものにする！」という勇《いさ》ましい言葉とは裏腹《うらはら》に、〝勝負に行けない〟、あるいは〝チャレンジできない〟という心理状態に陥っていたことがわかります。

気づいた時点で、半分は変わっている

チャンスに思ったように動けず、自分自身で「チャンスに弱い」「試合になるとダメなタイプ」と思《おも》い込《こ》んだり、コーチから「どうしてあそこで勝負しないんだ！」と怒鳴《どな》られてばかりいると、やがて「俺はチャンスに弱いんだ」「いい展開のときに限ってうまくプレーできな

い」「プレッシャーに弱い」などと、すっかり自信をなくしてしまいます。

それだけではありません。実際に失敗を繰《く》り返《かえ》すことで、ますますセルフイメージが小さくなっていくという「ネガティブ・スパイラル（第7章を参照）」に陥っていくのです。そしてこの状態が続くと、「チャンスに弱い」というセルフコンセプトを、わざわざ自分自身で作り上げていくことになってしまいます。

もちろん、自分では気づいていないだけで、みなさんの中にもすでにこのセルフコンセプトが出来上がってしまっている人もいるでしょう。第3章でお話しした通り、セルフコンセプトとは「心の方向性」のことです。したがって、そういう人は無意識のうちに「チャンスに弱い」と言われる選手になるよう、自ら進んで行動している可能性があります。

もし、「ひょっとしたら自分もそうかもしれない」と思い当たる人がいれば、これからお話しする内容に取り組んでください。そして、ここで気づいてよかったと思ってください。なぜなら、今そのことに気づいただけでも、大きな進歩だからです。

気づいた時点で、すでに半分は変わっている——そう考えて、これからポジティブなセルフコンセプトを作り上げていきましょう。

「何度でもパスを出してやる」

では、いったいどうすれば、ネガティブな状態を脱《だつ》することができるのでしょうか？

それにはまず、選手一人ひとりがエッジに立つトレーニングを積《つ》むことです。具体的な方法については、すでにこの章の前半でもお話ししました。

そしてもう一つが、チーム全体で「チャレンジできる環境を作ること」です。

この二つが、冒頭でお話しした〝ワンステップ前の段階でやるべきこと〟なのです。

では、『ホイッスル！』に話を戻しましょう。

「チャレンジできる環境を作ること」の大切さをよくわかっていたのが、真田の長年のチームメイトである郭でした。

彼は、自分を見失ってしまった真田に対して、『お前が最高のパフォーマンスを見せるまで俺は何度でもパスを出してやる』と宣言します（第14巻139ページ）。

さて、これと似たような言葉、すでにどこかで出てきましたよね？

ここでもう一度、95ページに戻ってみてください。『できるまで何度でも失敗していい』と言って高井をピッチへ送り出した松下コーチの言葉と、このときの郭の言葉、どちらも「失敗を恐れるな」という意味で、同じことを言っていると思いませんか？　そして、どちらも「成功すること」より、「本気でチャレンジすること」のほうが大切だと伝えています。

もうおわかりでしょう。これらは、いずれもセルフイメージが小さくなってしまった選手に対して、再び「エッジに立つ」という状態を作り出す、いわば〝魔法の言葉〟なのです。

反対に、本気になっていない選手に「失敗してもいい」と声をかけても、逆効果にしかなりません。たとえば、毎回練習に遅れてくる不真面目《ふまじめ》な選手に対して「何度遅刻したっていいんだ」と言うのも、おかしな話ですよね？　それと同じことです。

絶対的な自信と信頼を背景に
味方の最高のパフォーマンスを引き出す。
そうすることで、チャンスに強いチームへと変わっていく。
『ホイッスル!』第14巻 139ページ

郭の言葉は真田に対する信頼の証《あかし》であるとともに、「お前の仕事は、どんどんチャレンジしてシュートを打つことだ」という明確なメッセージでもあります。

そのおかげで、真田は「チャンスは今しかない」という視野の狭《せま》い思考から脱するきっかけをつかみ、その後は創造性あふれる彼らしいプレーを取り戻すことができました。

これはまさに、チームメイトをよみがえらせるための、お手本のような例です。郭のような「声かけ」ができる選手がチームにいれば、たとえ自分を見失ってしまった選手がいても、再びエッジに立って勝負を挑《いど》むようになっていくでしょう。

チーム全員でチャレンジの価値を認め合う

たとえば将のように、すでに何度もエッジに立って、その楽しさを十分に理解し、いつでも自分から思い切ったチャレンジに踏《ふ》み切《き》れる選手であれば、「チャンスを確実にものにする」「これがラストチャンスだ！」と考えるのは、集中力を高めるための有効な手段となります。

そうでなければ、まずは「チャレンジすることの価値」を、チーム全員で認め合うところから始めましょう。なぜなら、勝負から逃げてしまう理由には「失敗したときのチームメイトの冷《ひ》ややかな目」も、確実に含《ふく》まれているからです。

チャレンジには、常に失敗がつきものです。しかし、「成功したから褒《ほ》める」「失敗したから責める」といったように、結果だけを見て判断しているようでは、いつまでたっても〝飛ぶ勇気〟が芽生《めば》える土壌《どじょう》は育ちません。だから、まずはチーム全員で「チャレンジには、成功も失敗もある」という当たり前のことを、お互いに再確認してください。

その上で、「チャンスを確実にものにする」よりも「チャンスをたくさん作ること」に視点を移すことが大切です。

郭が真田に『俺は何度でもパスを出してやる』と言ったように、「何度でもチャンスメイクしてやる、だから失敗を恐れるな」という姿勢をチーム全体で示すように努めましょう。

「挑戦する＝遊ぶ」という共通理解

チャレンジそのものが素晴らしいことなんだという意思統一がとれたチームとは、具体的にどんなチームを指すのでしょうか？

東京選抜チームがソウル選抜と戦ったときの出来事です。

いきなり二点を先制されて浮き足立ってしまった水野に対して、郭は『(ユニフォームを)脱げよ！　俺が(10番を)着てやる!!』と、厳しい言葉を投げつけました。その言葉に奮起《ふんき》した水野は、一人で敵地に切り込もうとしましたが、あともう一歩のところで止められてしまいます。

ここで周りの選手たちは、チャレンジが失敗に終わった水野に対して、どんな反応を示したでしょうか？

『ったく　てめえ一人でやってんじゃねーよ(鳴海《なるみ》)』

『けど水野が球こねたから　スペースばか空きした訳だし(藤代《ふじしろ》)』

『いい感じでしたよ　点が入れば尚良《なお》かったけど（杉原《すぎはら》）』

『でも悪くないぜ　もっと挑戦しろよ　水野（鳴海・藤代・杉原・郭）』（第18巻61～63ページ）。

いかがでしょうか？　素晴らしい「声かけ」だと思いませんか？

もちろん、ここで意図《いと》する「遊《あそ》び《べ》」というのは、緊張感のない〝お遊び〟の状態ではありません。極度の緊張やドキドキ感を抱《かか》え、しかも結果が求められているというプレッシャーの中で楽しむことこそ、本来の「遊び」ではないでしょうか？　もし、結果がどうでもよければ、プレッシャーから解放される代わりに、楽しみも半減してしまうはずです。

一般的に、緊張感やドキドキ感を悪者にしたり、なくしたいと考えたりしてしまいがちですが、これは間違いです。みなさんも大きな舞台で活躍したいという目標を持っていると思いますが、たとえば五万人、十万人という大観衆を目の前にして、いったい誰がストレスのない状態でプレーできるのでしょうか？　一流選手たちも、みんな重圧を感じながら日々プレーしているのです。

繰り返しますが、どんなに緊張していても、いくらドキドキしていてもいいのです。大事なのは、そんな感情をワクワク感に変えて楽しんでしまうという、思考の転換です。

東京選抜チームのみんなが水野に伝えたかったのは、まさにそのことでしょう。

彼らは水野のチャレンジの素晴らしさを認め、さらに「〝挑戦〟にともなうドキドキ感や緊張感、恐怖感までを全部ひっくるめて、〝遊び〟のように、もっと楽しんでしまえ」と言ったのです。そして、そこには「本気で挑戦する限り、何度失敗したって気にするな」というメッ

「エッジに立つことは楽しい」と知っているチームは、
緊張感やドキドキ感を抱えてチャレンジする行為を
“遊び”のようにとらえ、味方につけることができる。
『ホイッスル!』第18巻 61ページ

セージも当然含まれています。

彼らの言葉を受けて、水野は『みんなにもっと遊べよっていわれてから　心が軽くなったような　広がるような感じがする』と、自身の胸中《きょうちゅう》を語るとともに（第18巻74ページ）、まるでそれまでとは別人のような素晴らしいパフォーマンスを発揮《はっき》しました。

このときの「心が軽くなったような　広がるような感じ」というのは、まさにセルフイメージが大きくなった状態を表現している言葉です。

こうして「挑戦＝遊び」という共通理解を持つチームは、たとえ誰かが失敗したとしても怒ったり、イライラしたり、ガッカリしたり、責めたりするようなことはなくなります。その代わりに「エッジに立っているか？」といった声が、よく出るようになっていくでしょう。

仲間が勇気を持ってチャレンジしたことをみんなが知っているチームは、チャンスをものにしてシュートが決まれば、みんな飛び上がるほど嬉《うれ》しくなるでしょう。

また、たとえ失敗に終わっても「今のプレー、よかったぞ！」「ナイス・チャレンジ！」などと、前向きな言葉や態度で本人に伝えるようになります。

このような「声かけ」が得られた選手自身は、たとえどのような結果に終わったとしても、セルフイメージを大きく保《たも》ち続《つづ》けられるため、次のプレーでも臆《おく》することなく勝負を挑んでいくことができるようになっていきます。

さらに、エッジに立ってチャレンジすれば「成功」までの距離がつかめますから、今のチームに足りないものが明確になり、「もっとこうしたい」というイメージが、チーム単位で浮かぶようになるのです。

そうなるために、みなさんのチームでも東京選抜の選手のように〝挑戦〟を〝遊び〟に置《お》き換《か》えてどんどんチャレンジし、その勇気をお互いに認め合えるように、チームメイト全員の理解を求めるようにしてください。

たくさん〝遊べる〟チームはチャンスに強い

さて、ここでまとめに入りましょう。本章のテーマである「チャンスに強いチーム」というのは、全員がいつでもエッジに立てる状態や、自分の持てる能力をフルに発揮して果敢《かかん》にチャレンジできる環境を作り上げたチームを指します。

「チーム全員がチャンスに臆することなくチャレンジできるチーム」は、どんなときでも失敗を恐れず、揺《ゆ》らがないセルフイメージに近い状態でプレーできますから、〝ここぞ〟というチャンスの場面が訪れても萎縮《いしゅく》することなく、高いパフォーマンスを発揮できるようになるのです。

言い換えれば、それぞれの選手が積極的にエッジに立つとともに、チャレンジする勇気をお互いに認め合うような「たくさん〝遊べる〟チーム」こそが、結果的に「チャンスを確実にものにできるチーム」になっていくというわけです。

［第6章］「最低目標」と「最高目標」

"波のない選手"の条件

簡単には負けない
粘り強いチームを作る――

「点を決める」「失点しない」などの最高目標だけでは、
自分やチームがうまくいかなくなったときに粘りが出ません。
いつでも自分でコントロールできる最低目標を設定し、
「とにかくこれだけをしっかりやろう」と心に決めましょう。

最高目標《さいこうもくひょう》
今月の売り上げナンバーワン
にっこり
営業スマイル
最低目標《さいていもくひょう》
いつでもどこでもスマイル
プロだね功兄

「ベストを尽《つ》くす」ことへの誤解

みなさんは試合に臨《のぞ》む前、監督やコーチから「ベストを尽《つ》くせ」と言われたことはありませんか？　あるいは言われるまでもなく、当然のように、自分でもベストのプレーをしようと考えている人も多いはずです。

高い目標を持つのはよいことですが、じつはここに真面目《まじめ》な選手ほど陥《おちい》りがちな、大きな落とし穴が潜《ひそ》んでいることに気づいているでしょうか？

それは「失敗は許されない」と考えてしまうことです。

はっきりと断っておきますが、これは間違いです。

第5章でもお話しした通り、エッジに立ってチャレンジする選手にミスはつきものですから、成功をつかむまでは何度失敗したっていいのです。

もちろん、チームを代表して戦う十一人の選手は、最高のプレーを目指して努力しなければいけません。みなさんも「チームの勝利」はもちろん、「ハットトリックを決める」「失点をゼロに抑《おさ》える」「一対一の勝負では絶対に負けない」など、それぞれ個人的に「最高目標」を持って試合に臨んでいるでしょう。

しかし、実際の試合になると、その日の天候や自分のコンディション、あるいは相手との力関係、チームの状態など、じつにさまざまな要因が絡《から》んできます。

第4章でお話しした通り、パフォーマンスの質は、まさにこうした要因によって左右されてしまうわけですから、いつも必ず思《おも》い描《えが》いた通りのプレーができるわけではありません。毎度毎度「最高目標」を達成できるという保証は、どこにもないのです。

少し話がそれますが、こうした環境や状況に左右されず、自分自身でセルフイメージをコントロールして、ピーク・パフォーマンスを発揮《はっき》できるようになりましょう、というのが「ライフスキル・トレーニング」の主旨《しゅし》だったわけです。

どんな状況でも実行できる「最低目標」を必ず設定する

この「最高目標」の達成だけを目指す選手は、ちょっとでも自分自身がうまくプレーできなくなるとイライラしてしまい、やがて自分のプレーに不安を抱《いだ》くようになってしまいます。セルフイメージが小さくなるとパフォーマンスの質も落ちるので、普段はできているプレーもできなくなり、「できない」「またできなかった」「できない」……と、どんどん不安がつのっていきます。

あるいは、その選手がエッジに立ったプレーにチャレンジしたとしましょう。もちろん、うまくいけばその後もリズムに乗っていくことができます。ところが失敗に終わった場合は同じように不安を抱《かか》えるようになり、再びエッジに立つことが難しくなってしまうのです。

つまり、一見ポジティブに見える「ベストを尽くす」という「最高目標」にとらわれてしまうために、かえって身動きが取れなくなってしまうというわけです。

このような事態を防ぐためには、どうすればよいのでしょうか？

これはプロの選手の身にもよく起こる障害ですので、じつはスポーツ心理学でも大きな研究対象となっているのですが、私の経験上、最も効果的だったのが「最高目標」と同時に、「最低目標」も設定してピッチに立つことです。

〝最低〟というと少し誤解が生じてしまうかもしれませんので、念のためにフォローしておきますが、これは「最低限の目標」と考えてください。要するに、自分がいかなるコンディションにあっても、どのような相手と対戦するときでも、変わらずに実行できる最低限のベースラインのことです。

たとえば、「オープンスペースを見つけて全力疾走《しっそう》する」「自分のマークする選手を追い続ける」「大声で味方とコミュニケーションをとる」などです。

とくに「走る」や「声を出す」などは、いつでも、どんなコンディションでも、自分自身でコントロールできる行動です。ちょうど第4章で紹介した自分ツールと同じようなものと考えてもらうと、わかりやすいかもしれません。

ちなみに「点を取る」「失点をゼロに抑える」などは、どんなに低いレベルの目標だと感じていても、結果は対戦相手に左右されてしまいますから、最低目標としては、ふさわしくありません。その点だけは注意しておきましょう。

たとえ大事なPK《ピーケー》を外《はず》してしまって落《お》ち込《こ》んでいても、全力で走ることは可能ですよね？試合中、うまくいかないと感じたときは、いろいろと難しいことを考えず、とにかく自分が決めた最低目標をクリアすることに集中するのです。「これが今の自分の仕事だ」と考えてコツい、コツと実行してください。このとき、〝仕事〟〝コツコツ〟という二つの言葉がポイントになります。うまくいっていない自分を客観的に見つめ、最低目標を〝今、自分がやるべきこと〟として認識し、一つひとつ丹念《たんねん》に、黙々《もくもく》とこなすようなイメージを描いて実行しましょう。

また、最高目標と最低目標は、日常生活でも同じように使えます。

たとえば入試の場合、最高目標にあたるのは、もちろん「志望校の合格」です。

しかし、たった一問わからない問題が出てくると、すぐに焦《あせ》ったり、動揺したりしてしまう人もいるでしょう。それは知らぬ間に最高目標が「全問正解」にすり替《か》わっているからです。

そんな事態を防ぐためにも、「問題文をしっかり読む」「わかる問題から解《と》いていく」「誤字脱字や簡単な計算ミスなどをなくす」など、やはり最低目標を設定しておく必要があるでしょう。こうして、とにかく今の自分の実力が過不足なく発揮できればそれでいいと考え、目の前の課題に集中することが大事なのです。

〝最低限できること〟のレベルを上げていく

最低目標に集中していくと、やがて自分の中に変化が訪れます。

「できない」というマイナス思考にとらわれていた意識の中に「全力疾走する」「先にタッチする」「声をかける」という目前の課題が浸透《しんとう》し、それを一つずつこなしていくことで「走れている」「声は出ている」「追えている」……と、次々にプラスの思考が重なっていくのです。

つまり、「できた」「できた」「またできた」と、「可能なもの」に意識が切り替わっていくわけです。

この「できること」に集中できる選手は、メンタル面でくずれにくくなります。よく耳にする「波のない選手」とは、こういう選手のことを指します。

たとえば、悪天候でグラウンド状態が最悪なとき、ほかの選手は思うようなプレーができずにイライラしていても、最低目標を持っている選手は「天気は変えられない。でも、これだけはしっかりとこなそう」という〝心の準備〟ができているため、動揺することが少なくなります。つまり、どんなに悪条件が重なっても「今、この環境の下で自分がやれる〝仕事〟を〝コツコツ〟こなそう」という前向きな思考に集中できるわけですから、どんなときでも力を発揮できるようになるのです。

また、プロになるには、常に一定のパフォーマンスを発揮できるようにならなくてはいけません。そのためには「最高目標」のレベルを上げると同時に、「最低目標」のレベルもまた上げていくことが必要になります。

じつは、プロで活躍している選手というのは、みんなこの〝最低限できること〟のレベルが高いのです。

コンディションがよいときは素晴らしいプレーができたとしても、〝最低限できること〟のレベルが低い選手は、ちょっとダメな状態になると「いったいどこまで落ちていくのか？」というくらい、メタメタになってしまいがちです。

反対に、「いつでもこのプレーはできる」というレベルが高いほど、技術的にも精神的にも高いところで踏《ふ》みとどまることができるのです。

たとえば、はじめは「全力疾走する」というのが最低目標だったら、次は「走るだけではなく、顔を上げて状況判断する」、さらに「ルックアップだけじゃなく、常にいいポジションをとる」など、どんどん〝最低限できること〟のレベルを上げていくことを考えてください。

きっとそれが「自信の貯金（49ページを参照）」となって、ピンチのときにみなさんを支えてくれることになるはずです。

各選手が最低目標を持つチームは粘《ねば》り強《づよ》い

「今日は何をやってもうまくいかない……」。こうした状況は個人に限らず、チームにも同じように訪れます。

試合中だけに誰も口にはしなくとも、ピッチに立っている選手はもちろん、控《ひか》え選手やコーチ陣にいたるまで「今日は勝利の女神が相手に微笑《ほほえ》みかけている」――こうした空気を、みなさんも一度は感じたことがあると思います。

それでも、本来《ほんらい》選手たる者、ひとたびピッチに立ったら、力ずくでもこちらに流れを引き戻す努力を続けなくてはいけません。

しかし、これこそ「言うは易《やす》く、行うは難《かた》し」というものです。

では、こうした状況に陥《おちい》ったときの対処法はあるのでしょうか？

東北選抜との試合で、とてつもない身体能力を持った右ウイングの阿部小太郎《あべこたろう》とマッチアップすることになった飛葉中《ひばちゅう》の椎名翼《しいなつばさ》を例にとって、話を進めましょう。

阿部の身体能力は、翼の予想をはるかに超えるものでした。そのため、翼はいつものプレーができずに自分を見失ってしまい、闇《やみ》の中に飲み込まれそうになってしまったのです。そして彼の不安や不調はチーム全体に広がり、せっかくもらったＰＫのチャンスさえも外してしまいます。

西園寺監督は、ここで奇策《きさく》に出ました。

ＤＦ《ディフェンダー》の選手に代えて、ＦＷ《フォワード》の将を投入したのです。

ここで将は『翼さんが冷静さをとりもどすまで　ぼくがフォローする！』という思いを胸に、全力疾走、チェイシング、カバーリングなどを執拗《しつよう》に繰《く》り返《かえ》しました（第21巻20～21ページ）。もうおわかりのように、これらはいずれも状況に左右されることなく、常に自分自身でコントロールできる最低限のプレーです。

冷静さを欠《か》いていた翼は、自分の守備範囲内でちょこまかと動き回る将に対して、はじめはイラついてしまいますが、やがて将のひたむきなプレーに隠された意図《いと》を理解し、ようやくいつもの読みの鋭さを取り戻します（第21巻44ページ）。そしてチームも、再び息を吹《ふ》き返《かえ》すことができました（第21巻49ページ）。

このように、最低目標をコツコツとこなすことで、自分自身だけではなく、チーム内にも「最後まで決してあきらめない」という粘《ねば》り強《づよ》さが出てきます。

一方、最高目標しか持たない選手ばかりのチームの場合は、どうでしょう。主力選手が

どんなに苦しい状況に追い込まれても、
各選手が「最低目標」に集中し、没頭することで、
簡単には負けないチームへと成長していく。

『ホイッスル!』第21巻 20〜21ページ

ちょっと調子をくずしたり、あるいは一点でも先制されてしまったら、負けたわけでもないのにいきなりガクッと戦意を喪失《そうしつ》してしまうでしょう。

こういうチームは、相手にとっては非常にやりやすいチームと言えます。

もちろん、それぞれに最低目標を持っているチームは、相手に与《あた》える印象もまったく違ってきます。

「9番の選手は決定的なチャンスを外すし、4番のやつはうちの中盤に翻弄《ほんろう》されまくって自分のプレーが全然できてない。それなのに、4番はずっと声を出してるし、9番は相変わらず走り回ってる。キーパーなんか自分のミスで点を取られたくせに、ぜんぜん凹《へこ》んでないぞ。どうなってんだ、このチームは……」

どうでしょうか？　とてもやりにくい相手だと思いませんか？

試合後のコメントで「すごく粘り強いチームだった」と言われるのは、こういうチームなのです。

それぞれの最低目標をチーム内で公表しておく

このように、全員がそれぞれに最低目標を持つチームほど粘り強く、簡単には負けない集団となっていくことができます。そのためにも、チームが苦しい状況に陥ってから慌《あわ》てるのではなく、普段の練習のときから最低目標を決めておくとよいでしょう。

たとえば、お互いの最低目標を、試合前に発表し合っておくのも有効な手段です。そうすれば、自分への戒《いまし》めにもなりますし、試合中に劣勢《れっせい》に立たされたときでも「あいつは今、まさに最低目標に全力で取り組んでいる。集中力が切れてないんだ」ということがチームメイト全員に伝わるため、「自分も負けていられない」と思うなど、相乗効果も期待できるのです。

さて、最後に一つ質問です。

翼がピンチの際、東北選抜戦で見せた将のプレーは、果《は》たして〝ベストを尽くす〟ことになっていたでしょうか？

答えは、もちろんＹＥＳです。

最低目標に対して全力で取り組む姿勢というのは、冒頭でお話ししたような「ハットトリックを決める」「失点をゼロに抑える」「一対一の勝負では絶対に負けない」といった最高目標の達成と同じくらいの価値があります。どちらも「目標」を達成するために〝今やるべきこと〟に集中し、全力で取り組もうと努力するなら、それはいずれ劣らず〝質の高い時間〟となるからです。

そのことを決して忘れずに、みなさんも最高目標と最低目標を同時に抱えて、きたるべき大事な試合に臨んでください。

ネガティブスパイラル
いよ！ナンバー1
ポイズン～♪

［第7章］ネガティブ・スパイラル

決定的なミスをしたら？

負の連鎖を断つ“For the Team”の精神——

失敗はネガティブな思考を招き、
不安や弱気は、さらなるミスを引き寄せます。
こうしたネガティブ・スパイラルを断ち切るために、
「自分本位」な思考から「チーム本位」の思考へ切り替えましょう。

自分の世界にハマり込《こ》むネガティブ・スパイラル

試合中、自分だけが波に乗っていないと感じたことはありませんか？

チームの調子はいい。勢いもあるし、集中力もある。なのに、自分だけが何をやってもうまくいかず、さっきから失敗ばかりしている。ああ、コーチの怒鳴《どな》り声が自分に集中している。焦《あせ》れば焦るほど不安はつのり、さらに動きが悪くなってしまう――。

まるで一人だけ違う空間に置き去りにされてしまったかのような孤立感や焦燥感《しょうそうかん》は、何度味わっても嫌なものですが、だからといってビビる必要はありません。これは下手だからそうなるんだといったような技術的な話とは関係なく、どんな一流選手の身にも起こることなのです。

大事なのは、そのときにどう対処するかです。それを本章で一緒に考えていきましょう。

たとえば、チームメイトがＰＫ《ピーケー》を外《はず》したら、みなさんはどう迎えてあげますか？　あるいは自分が失敗した経験がある人は、そのときチームメイトはどう迎えてくれたでしょうか？

いろいろな対応が考えられると思いますが、絶対に間違えてほしくないのは、「気にするな」とか「大丈夫だ」という優しい言葉だけが正解ではないということです。時には厳しい言葉が、味方を立ち直らせるきっかけになるということを、ぜひ知っておいてください。

では、桜上水中の仲間たちは、こんなときどう対応したでしょうか？　これと同じような場面を抜粋《ばっすい》してみましょう。

雨の洛葉中戦、桜上水中は苦戦の末、将のあきらめないゴールへの執念《しゅうねん》と、チームメイト一人ひとりの粘《ねば》りで、なんとかPK戦にまで持ち込みました。

最初のキッカーは水野です。『エースの俺が決めて　相手の出鼻をくじく』と意気込《いきご》み、左足のアウトフロントキックでシュートを放ちますが、力みすぎてポストに嫌われてしまいました。水野は愕然《がくぜん》として膝《ひざ》をつきます。そして『みんな…すまん！』という思いでうしろを振《ふ》り返《かえ》ると……そこにはすでに気持ちを切《き》り替《か》え、次に向けて集中しているチームメイトたちの姿がありました（第9巻104～110ページ）。

　これはチームの大黒柱である水野が、PKを失敗してしまったときのシーンです。彼が受けたショックは察するにあまりありますが、チームメイトたちの様子を見る限り、どうやら水野の独《ひと》り相撲だったことがわかります。

　では、なぜこの場面で彼はPKを外してしまったのでしょうか？

　この状況でありがちなのは、選手自身が「チーム」対「チーム」で戦っていることを忘れてしまい、「自分」対「相手チーム」、または「自分」対「目の前の相手選手」だけを意識してしまうことです。そうなると冷静さを失い、周りも見えなくなってしまいます。

　水野もまた、PK戦に突入したときに気持ちの上で「自分」対「GK《ゴールキーパー》」、そして「自分」対「洛葉中」という意識が強くなってしまったのでしょう。さらに、延長戦で体力を消耗《しょうもう》し、軸足に踏《ふ》ん張《ば》りが利《き》かないのにコースを狙《ねら》いすぎたのもアダとなりました。

　このように、大事な試合で普段は考えられないミスをしたときなどは、「俺、何やってるんだろう……」という気持ちが先行して次第にいつものプレーができなくなり、やがてチームと

「チーム」対「チーム」で戦っていることを忘れ、
「自分」対「相手チーム」という意識になると、
ネガティブ・スパイラルに陥りやすくなる。
『ホイッスル!』第9巻 109〜110ページ

しての戦いではなく「自分」対「相手チーム」の戦いとなってしまいがちです。

このような意識にとらわれると、ミスをしたことにより不安や弱気を呼んでセルフイメージが小さくなり、パフォーマンスの質が落ちてしまいます。それがさらなる失敗を招き、どんどんセルフイメージが縮小していく——こうして一つのミスがさらなるミスを呼ぶという、悪い循環《じゅんかん》が起こります。こうした仕組みのことを、スポーツ心理学では「ネガティブ・スパイラル」と呼んでいます。

134ページの図のように、ひとたび足を踏み入れると渦《うず》を巻いて落ちていくように、物事がすべて悪い方向へと進んでしまうのが、このネガティブ・スパイラルの怖《こわ》さと言えるでしょう。

さらにやっかいなのは、この悪循環はその日だけでは終わらないことです。この一連の流れは、64ページで取り上げた「苦手科目へのプロセス」とよく似ています。

ちょっとしたミスや、その教科の先生が嫌いといったささいなきっかけで〝苦手〟という気持ちが芽生《めば》えると、その教科の勉強に気が乗らなくなるでしょう。やがて実際にテストの点数も下がり、さらに〝苦手〟という意識が高まることで、成績もどんどん下がる一方になってしまいます。しかも、こうした結果を、自分自身で招いてしまうというのが、苦手科目を作ってしまうプロセスでした。

どちらも〝自ら〟悪い結果を呼び込んでいるという点では同じです。

言《い》い換《か》えれば、苦手科目というのは、ネガティブ・スパイラルが長期間にわたって継続した

ネガティブ・スパイラル

「失敗しそう……」

↓

実際に失敗する

↓

セルフイメージが縮小

↓

失敗しそうな予感が増大

↓

また失敗する

レギュラーから外され、セルフイメージが縮小していた高井は、
ネガティブ・スパイラルの入口に足を踏み入れかけていた。
『ホイッスル!』第5巻96ページ

結果、「苦手」というセルフコンセプト（＝心の方向性）が形成されてしまった状態なのです。

そんな悪循環を断《た》ち切《き》り、そこから脱出するための方法を、次にお話ししていきましょう。

まずは思考を停止させて気持ちを切り替える

単なる技量《ぎりょう》不足からのミスなど、スキルに限った問題であれば「できるか・できないか」といった単純な問題であり、落ちていくイメージにはなりません。この場合は、直すべきところもはっきりしているからです。

ところが、これをきっかけにセルフイメージが縮小してしまい、試合中に消極的なプレーを繰《く》り返《かえ》してしまったり、いつものプレーがまったくできなくなったり、あるいはうまくいかないことに苛立《いらだ》ちを感じ始めていたら危険信号です。すでにネガティブ・スパイラルの入口に足を踏み入れていると言えるでしょう。

このままぬかるみに足をとられ、ネガティブ・スパイラルの底なし沼にズブズブと沈んでいくような事態を防ぐためには、まず悪い循環を断ち切ることが大事です。

ミスをした直後というのは、〝心のｉＰｏｄ《アイポッド》（63ページを参照）〟から嫌な曲どころか、緊急事態を知らせるサイレンが大音響で鳴り響いているような状態です。そんなときに「ポジティブになれ」と言われても、到底《とうてい》無理な話でしょう。余計に焦るばかりです。こういうときは、とにかくサイレンを止めることを最優先にしましょう。

最も簡単にできるのは、「目に映《うつ》るものを変えること」です。

ネガティブ・スパイラルの入口では「失敗した」「どうしよう」「このままじゃ負ける」と、視野も思考もどんどん悪い方向にフォーカスされていくため、まずは顔を上げて遠くを見るようにしましょう。

目に映るものが変わるだけで、いったん気持ちに区切りがつくからです。

あるいは、深呼吸をするとか、頭をポンと叩《たた》くなど、単純なことでも構《かま》いません。とにかく、いったん思考停止《ソート・ストッピング》させて、気分を切り替えるきっかけにできるような行動を、普段から用意しておいてください。

さらに、こうした一連の行動を「ライフスキル・トレーニング（第4章を参照）」によって習慣づけておくと、なおよいでしょう。

ただし、「思考停止」と言っても、頭の中を空っぽにしたり、無意識の状態に近づけるという意味ではありません。これでは、大事な試合中に何もしないままボーっと立っていることになってしまいます。そうではなく、目的はネガティブな思考の流れだけを〝意識的に〟止めることにありますので、ここは勘違《かんちが》いしないように注意してください。

「自分」から「チーム」へ意識をシフトする

ここまでが、ネガティブ・スパイラルから抜け出すための準備、心構えです。

次の段階では、自分自身の思考を変えてあげましょう。

ミスをしたときはセルフイメージが縮小し、すでにパフォーマンスの質は落ちていますから、ボールもうまくキープすることができません。するとボールを持つ相手を追うことになり、結果的に、どうしても敵ばかりが視野に入ってきます。この状態は「自分」対「相手チーム」という心理状態をさらに強めてしまうので要注意です。

そこで、思考を停止させることができたら、次はもう一歩進んで「チーム」対「チーム」で戦うことを意識するようにしましょう。

まずは、各ポジションで頑張っているチームメイトたちの姿を見てください。そして自分から積極的に声を出してコミュニケーションをとりましょう。自分のミスで失点してしまったときなどは、たしかに声を出しづらいでしょう。それでも、このままではネガティブ思考の深みにハマっていくだけです。そんな事態を避《さ》けるためには、「終わったことはもう変えられない」と考え、自分から声を出すしかありません。

さらに、こうした認識をチーム全体で共有していれば、もっと効果的です。そうすることで「俺は一人じゃない」「頼もしい仲間と一緒に戦っているんだ」と実感することができるはずです。

ネガティブ・スパイラルに入ってしまったら、どんどん自分の内面に入り込みますから、とにかく「自分」中心の思考をやめてください。その代わりに、思考の焦点《しょうてん》を「自分」から「チームの勝利」に移行し、「自分の評価なんてどうでもいい、チームさえ勝てばいいんだ。そのために、今の自分にできることをやるんだ！」と考えましょう。

たとえば、走り回ったり、体を張ったり、倒れても何とかボールに食らいついて味方につなげるなど、ごく単純な仕事に集中するのです。

すでにおわかりと思いますが、この「単純な仕事」というのは、第6章でお話しした「最低目標」のことです。単純な仕事にスランプはありません。しかも単純な仕事ほど集中しやすいため、黙々《もくもく》とこなしてうまくいっていることが実感できれば、やがて「フロー状態」（第8章を参照）に近づいていきます。

つまり、思考を停止させたら、今度は浮上するきっかけをつかむのです。こうしてセルフイメージを大きくできれば、それにともなってパフォーマンスの質も上がっていくため、自然とネガティブなサイクルから脱出することができるでしょう。

「チームのために」という思考がきっかけだったのに、いつの間にか自分のためになっている――まさに〝情《なさ》けは人《ひと》のためならず〟ということわざと同じように、めぐりめぐって自分によい結果が返ってくるわけですから、チームのためにも自分のためにも、できるだけ早く浮上のきっかけをつかむように心がけてください。

勇気を持った声かけで空気を変える

次に、自分ではなく、チームメイトがネガティブ・スパイラルに入ってしまったときの対処について、お話ししましょう。

失敗が続いてイライラしていたり、意気消沈《いきしょうちん》していたりして、いつものプレーがまったくできていない選手がいれば、ほぼ間違いなくネガティブ・スパイラルに片足を突っ込んでいる状態です。客観的に判断できるだけに、自分のときよりもわかりやすいかもしれません。

そんなときは、周りの選手からの声かけが重要です。

ただし、たとえばキャプテンが初歩的なミスをしてしまったり、守備のスペシャリストがカバーリングのミスをしてしまったり、得意のセットプレーでキックをミスしてしまったり——と、ミスの当事者が中心選手の場合は、チーム内によどんだ空気が漂《ただよ》い、周りの選手が声をかけづらくなることは容易《ようい》に想像できると思います。

いわゆる〝場の空気が悪くなる〟というケースですが、みなさんのチームにも「あいつが失敗すると、チーム全体の空気がピリピリしてくる」という選手が、一人はいるのではないでしょうか？

たとえば、水野を例に挙《あ》げてみましょう。彼のようにチームの中心選手であり、しかもプライドが高く、周りが気安く茶々《ちゃちゃ》を入れづらい選手のことを、私は「ポイズン（毒）をまき散《ち》らす選手」と呼んでいます。

実際に彼のような選手が失敗すると、どうしても周囲は気を遣《つか》ってしまいます。しかし、じつはそれ以上に、本人も気持ちのやり場に困っていることを理解しましょう。誰よりも失敗に対して責任を感じて「悪い」「どうしよう」などと思っているからこそ、神経質になり、ピリピリとしたムードを醸《かも》し出《だ》してしまうのです。

周囲のリアクションとして大事なのは、ここからです。

最悪なのは「触《さわ》らぬ神《かみ》にたたりなし」とばかりに、誰も声をかけないことです。そうするとチームの雰囲気《ふんいき》はどんどんよどんでしまい、そのままズルズルと負けてしまう——これはつまり、ミスをした選手だけでなく、チーム全体がネガティブ・スパイラルのどん底に迷い込んでしまう状態ですから、絶対に避けなくてはいけません。

では、いったいどのような対応が有効なのでしょうか？

もう一度、水野がＰＫを失敗したときのことを振り返ってみましょう。

『何ボサーッとつっ立っとんねん　早《はよ》もどってこいや　後《あと》がつかえとんで』と、ちょっと手厳しい声をかけたのはシゲでした（第９巻１１０ページ）。

もちろん、これはシゲのキャラクターだからこそ効果的だったわけですが、ほかのチームメイトからも機転《きてん》の利《き》いた言葉の数々が飛んできました。

『水野くんの失敗見たらみんな腹がすわったっていうか（将）』

『弘法《こうぼう》も筆の誤り（森長《もりなが》）』

『もうなんでもこいって感じだな（高井）』

いかがでしょうか？　いずれも水野に対して「俺たちも一緒に戦っているんだ」と伝わる素晴らしい声かけだと、私は思います。こうして、とにかく「お前は一人じゃないんだ」ということを本人に意識させてあげることが大切です。

すでにお話ししたように、当事者は目の前の勝負にとらわれてしまい、視野が狭《せま》くなっている状態ですから、それを「チームの勝負」なり「チームの勝利」なりに移行させてあげられる言葉であれば、何でもいいのです。

全員が絶好調な状態など、なかなか望めない。
普段から「戦っているのは一人だけじゃない」という意識を共有し、
「自分」から「チーム」へ意識をシフトできるトレーニングをしておく。
『ホイッスル!』第9巻 113ページ

たとえば「切り替えよう」とか「落ち着いていこう」など単純な一声だけで「思考停止」ができて、ネガティブ・スパイラルから脱《だつ》するケースも少なくないでしょう。

結果として、水野は『何を一人で気負《きお》ってたんだろう』『一人じゃない　俺には頼もしい仲間がいる』と気づき、ネガティブ・スパイラルに入らずに済みました（第9巻111～113ページ）。

調子の悪い選手がたった一人いただけで、勝負が左右されてしまうようなチームで終わるのは、誰だって嫌でしょう。だからと言って、単なる仲良しチームを目指すべきでもありません。私はなれ合いのチームを、真によいチームだとは思わないからです。

どんなチームスポーツであれ、誰か一人のせいで負けてしまうということも、実際には十分に起こり得ます。どんなにうまい選手でも、あるいはヘタな選手でも、ミスや不調から逃れることはできません。

大事なのは、ミスをしたときはその都度《つど》、味方同士でフォローし合うことであり、最後まで仲間とともに勝利を目指すチームを作るために、普段から「戦うのはお前一人でもないし、俺一人でもない」「常に頼もしい仲間がいる」という意識をチーム全員で共有することです。

そして試合中は、ネガティブ・スパイラルに入りかけている味方——たとえ彼が〝ポイズンをまき散らす選手〟であっても——がいたら、勇気を出して声をかけてあげましょう。一人の世界に入り込む前に、もう一度「チーム全員で戦っているんだ」ということを思い出してもらえば、必ずよい流れを取り戻すことができます。

ミスをしても、ネガティブ・スパイラルに入りそうな思考をすぐに停止し、「自分」から「チーム」へ意識をシフトすることで気持ちを切り替えて常にニュートラルな状態に保《たも》つことを習慣にしましょう。そうすれば、ネガティブ・スパイラルに入ることはなくなりますし、よい状態でいられる時間が増えれば、それだけミスも少なくなります。

チームで戦う競技というのは、時として個人競技よりもはるかに大変です。よいチームほど、チームメイト同士はお互いに厳しいものです。しかし、一人ではないからこそ乗り越えられる壁があり、切磋琢磨《せっさたくま》しながら、個人では到達できない高い目標に向かっていくことができるのです。

競い合い、責任を明確にしつつ、助け合う。どれも欠《か》けてはいけません。

その上で、みんなで一つの目標を為《な》し遂《と》げていく——それがチームスポーツの真の醍醐味《だいごみ》ではないでしょうか。

フロー状態《じょうたい》とは潜在能力《せんざいのうりょく》の全《すべ》てを解《と》き放《はな》ち

最高《さいこう》のPLAY《プレー》(再生《さいせい》)を可能《かのう》にしてくれる至高体験《しこうたいけん》

［第8章］フロー状態

プレッシャーを味方につける

本来の力を呼び覚まし、最高のパフォーマンスを発揮する——

フロー状態とは、潜在《せんざい》能力のすべてを解《と》き放《はな》ち、
最高のプレーを可能にしてくれる〝至高体験《しこうたいけん》〟です。
試合中にフロー状態へ入るためのカギを握っているのは
「今に集中すること」です。

【準備編】 本来の力を呼び覚ます心の準備

「フロー状態」はピークパフォーマンスを引き出す

みなさんも「あのときは体が自然に動いてくれた」としか説明できないような、素晴らしいプレーをした経験があると思います。多くの場合はどうやって体を動かしたのか覚えていないために、冷静に振《ふ》り返《かえ》ると「あれは奇跡《きせき》だった」と思《おも》い込《こ》んだり、「もう一度やれと言われても、できないかもしれない」と考えたりしますが、それもある意味で当然と言えるでしょう。

しかし、〝あのときのプレー〟は、実力以上の力というわけではなく、まして奇跡などでは決してありません。間違いなく、あなた自身の本来の能力なのです。

ただ、普段は自分の調子やチームの状態、天候の良《よ》し悪《あ》し、相手チームの強さなど、さまざまな要因によってその都度《つど》セルフイメージが揺《ゆ》らいでしまうため、「心」がブレーキをかけて、なかなか100パーセントのパフォーマンスが発揮《はっき》できないだけなのです。

このように、潜在《せんざい》的な能力を最大限に発揮できる心の状態のことを「フロー状態」と呼びます。

たとえば、電車やバスに乗っているとき、夢中で漫画や雑誌などを読んでいると、あっという間に目的地に着いて慌《あわ》てたことはありませんか？　現実には一時間や二時間は車内で過ごしているはずなのに、満員電車で立ったまま三十分を過ごすよりも短く感じることさえあるでしょう。こうして目の前の物事に集中したり、没頭《ぼっとう》したりしていると、時間の感覚がなくなってしまうことがありますが、これがフロー状態に入ったときの一つの特徴です。

　みなさんも練習中や試合中、夢中でプレーしているうちに「あっという間に終わった気がする」とか、プレーそのものを楽しんでいるうちに「ずっとここにいたい」と感じるようなことがあると思います。

　『ホイッスル！』の中でも、何度かそういうシーンが描《えが》かれていました。選抜合宿《ナショナルトレセン》のトーナメント準決勝で、東京選抜は九州選抜の堅《かた》い守りに苦しめられました。とくに、バスケットで鍛《きた》えた脅威《きょうい》の反転スピードを持つDF《ディフェンダー》の高山昭栄《たかやましょうえい》に、将の突破はことごとく止められてしまいます。0対0のまま前半が終了したものの、ベンチに戻ってきた選手は、一様《いちよう》に厳しい表情で危機感をつのらせていました。

　そんな状況のなか、将だけは一人で「どうやったらこんなに強いチームを倒せるんだろう?」と考えていました。その心地よい緊張感が楽しくてたまらないという気持ちが表情に出てしまったため、『なにうれしそーな顔してやがんだ』と、鳴海に頭をはたかれてしまったわけですが、ベンチを出て再びフィールドへ散《ち》っていくとき、将は『何だろうこの感じ　苦しい状況なのに負けそうな気がしない　むしろ楽しくて　もっとやっていたい』という言葉で、自分の胸中《きょうちゅう》を表しました（第22巻56～58ページ）。

自分たちよりも少し強いくらいのチームを相手に、
少し背伸びしたプレーにチャレンジし続ければ、
自然とフロー状態に入りやすくなる。

『ホイッスル!』第22巻 58ページ

まさにこれが、フロー状態に入ったときの心境です。実際に後半が始まってすぐ、将は素晴らしいパフォーマンスを発揮しました。前半まではあれだけ苦しめられていた高山のディフェンスを、見事に振り切ったのです。

チャレンジする課題とスキルのバランスをとる

フロー状態に入るための条件はいくつかありますが、その一つがこのときの将のように、自分のスキルの最高点、あるいはその少し上を狙《ねら》って「今の自分にできる精いっぱいのプレー」にチャレンジし続けることです。

たとえば、自分よりもちょっと上手な先輩二人に交《ま》じって、三人で一緒にリフティングの練習をしているようなときが、この環境に近いでしょう。「できるかな、できないかな……あ、できた！」などと思って少し背伸びをしながら頑張っていれば、だんだんとその緊張感が楽しくなり、やがて「ずっとやっていたい」「ワクワクする気持ちが抑《おさ》えられない」という感情が湧《わ》くとともに、プレーの質も上がっていくのです。

この状況を試合に置《お》き換《か》えれば、自分たちより少し強い相手や、いつも僅差《きんさ》で負けてしまうようなチームと対戦しているときにあたるでしょう。

このように、目の前の課題（＝チャレンジ）と自分のスキルの関係のことを「ＣＳバランス（＝Challenge-Skills Balance）」と呼びます。このバランスがとれているときに勇気を持ってエッジに立ち、チャレンジを続けることで、フロー状態に入りやすくなるのです。

反対に、CSバランスがくずれて課題を達成できる見込みがないとき、たとえば自分のスキルに対して目標のレベルが高すぎたり、あるいは二軍との練習試合など目標のレベルが易《やさ》しすぎたりすると、フロー状態に入りにくくなります。

いずれにしてもフロー状態に入ったときは自分でも驚くほどスムーズに体が動くため、さきほど述べたように「自然に体が動いてくれた」「気がついたらできていた」という感触が残ります。その瞬間は第三者の目にも、まるで流れるような美しいプレーとして映《うつ》るでしょう。

心がフローな状態に入っていれば、自信、集中力、判断力、余裕、元気、やる気、勇気といった、プラスの感情が満ちあふれてきます。そのために「成功」や「勝利」といったよい結果も、自然にあとからついてくるのです。

本書の中でも、セルフイメージやセルフコンセプトという言葉を使って、これまでに何度も心の中で起きていることをお話ししてきましたが、最終的にみなさんに目指してほしい〝心のいい状態の頂点〟こそが、このフロー状態なのです。

【揺らがないセルフイメージ】と【とらわれないセルフコンセプト】

ほかにもフロー状態に入るための条件はいくつかありますが、そのためには普段からよい心の状態を作り上げて準備をしておく必要があります。

今日は大事な試合だからといって、いきなりその場でフロー状態に入ろうと思っても、なかなかうまくいくものではありません。やはり、日常生活の中でしっかりとライフスキル・ト

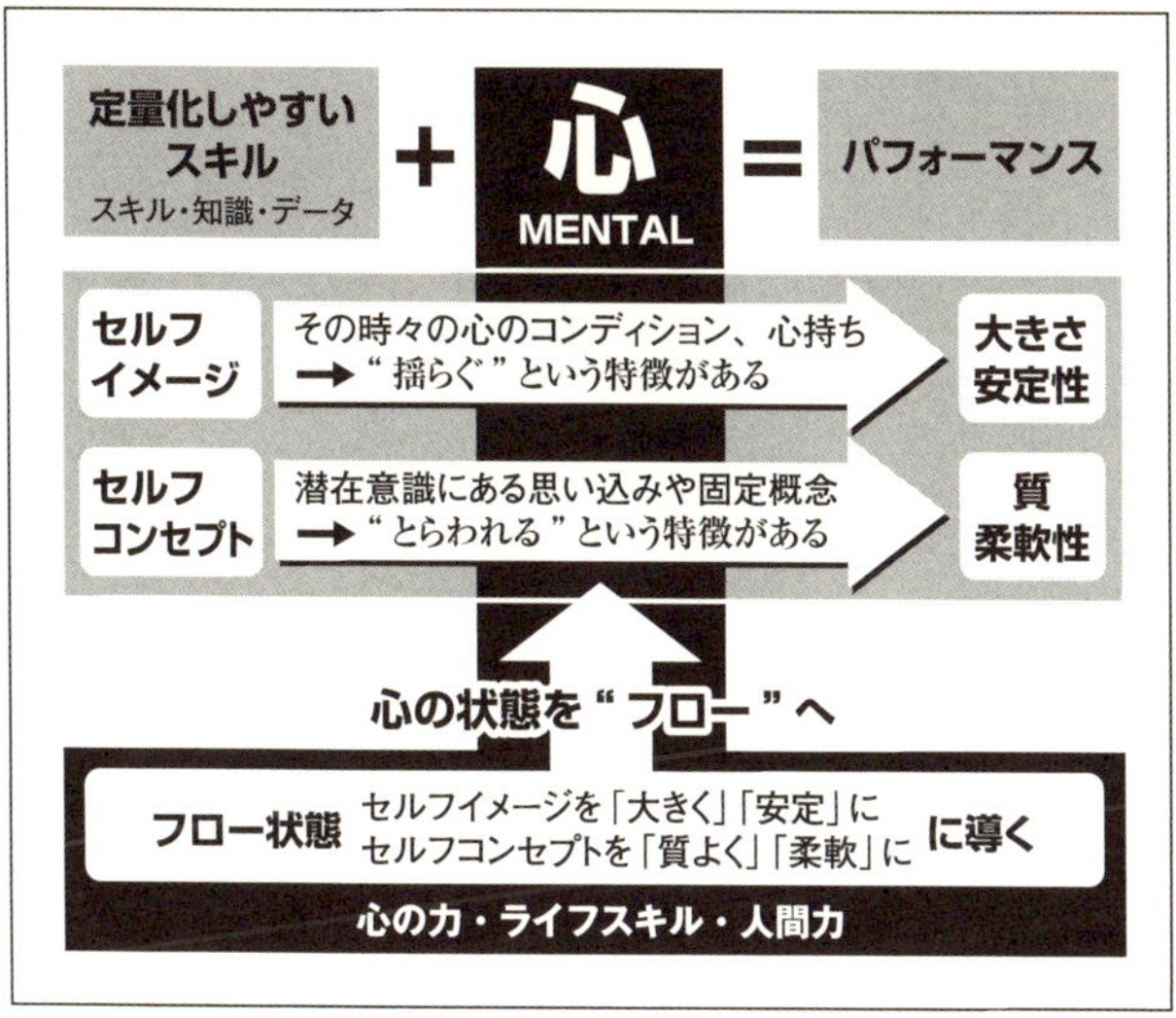
定量化しやすい
スキル
スキル・知識・データ
＋
心
MENTAL
＝
パフォーマンス
セルフ
イメージ
その時々の心のコンディション、心持ち
→“揺らぐ”という特徴がある
大きさ
安定性
セルフ
コンセプト
潜在意識にある思い込みや固定概念
→“とらわれる”という特徴がある
質
柔軟性
心の状態を“フロー”へ
フロー状態
セルフイメージを「大きく」「安定」に
セルフコンセプトを「質よく」「柔軟」に
に導く
心の力・ライフスキル・人間力

レーニングを積《つ》んでいくことが求められます。

実際にフロー状態に入るためには、151ページに示した図のように、「セルフイメージが大きく安定し、【揺らがない状態】」になっている必要があります。同時に、「セルフコンセプトの質がよく、柔軟《じゅうなん》で【とらわれない状態】」になっていることも欠《か》かせない条件です。

そこで、まずは第3章、第4章でお話しした内容を、もう一度よく思い出してください。その上で、自分のセルフイメージがどんなときに〝揺らぎ〟、どんなセルフコンセプトに〝とらわれている〟か、胸に手を当てて聞いてみましょう。

ささいなことですぐにネガティブな思考に陥《おちい》ってしまうことを自覚しているなら、どんな条件のもとでも【揺らがないセルフイメージ】を目指してください。また、ネガティブな思考に凝《こ》り固《かた》まった固定概念や思い込みがあるなら、【とらわれないセルフコンセプト】に変えていきましょう。

自分の心を自分自身でコントロールするのは、確かに大変な作業です。しかし、そうすることで、やがて自分で自分をフローな状態へ導くことができるのです。

フロー状態とは〝至高《しこう》の体験〟

フロー状態というのは、自分の中で最高の、極《きわ》みの体験です。これを「至高体験《しこうたいけん》」と呼びますが、この状態を一度でも経験すると、再び入れるように自分から努力するようになります。「何度でもそこへ行きたい」という魅力とエネルギーが、フロー状態にはあるのです。

また、フロー状態に入るためには、CSバランスがとれている必要があります。そこを追求して、いつも少し背伸びをしながらチャレンジを続ける——そうするとスキルの向上にもつながります。この段階まで来ると、「チャレンジが楽しい」というセルフコンセプトが出来上がり、勝負から逃げることなく、どんどん大舞台に立ちたがるようになるでしょう。

このように、フロー状態はさまざまな恩恵《おんけい》を選手にもたらしてくれます。しかも、一度フロー状態を体験した選手は、困難な状況でもチャレンジすることが楽しくなるため、あらゆる面で好循環《こうじゅんかん》が生まれるというわけです。

一方、まだ一度も体験したことがないという人は、試合に臨《のぞ》むときの緊張感や、勝負を挑《いど》むときの恐怖感などを「大事な試合ほど緊張して本来の力が出ない」「試合に出るのが怖《こわ》い」などと、必要以上にネガティブにとらえている可能性があります。そしてこうした感情が、フロー状態を阻害《そがい》する要因となっているのです。

選手として成長していけば、誰でも一度はこうした感情を抱《かか》えるようになります。しかし、じつはストレスに満ちた状況というのは、自分をフローな状態へ導くために欠かせない要素なのです。

驚いたでしょうか？

では、念のため、もう一度言います。

フロー状態に入るためには、逆にストレスは必要なのです。

実際、本気になっていないときや、ストレスもプレッシャーもかからない状況のもとでは、なかなかフロー状態に入ることはできません。

また、ストレスを無理矢理なくそうとすると、「まだ緊張している」「恐怖感が消えない」といった思考に〝とらわれて〟しまう恐れがあるため、やはりフロー状態に入ることはできなくなってしまいます。

ですから、ストレスやプレッシャーを感じたら、とにかく「フロー状態に入るための準備はOK！」と、心の中でセルフトーク（78ページを参照）を展開しましょう。こうして発想をガラリと変えることが、**【揺らがず】【とらわれない】**という〝よい心の状態〟を作り出すことにつながるのです。

以上、ここまでがフロー状態に入るための「心の準備」です。

次の「実践編《じっせんへん》」では、どうすれば試合中にフロー状態に入ることができるか、その具体的な方法についてお話ししていくことにしましょう。

【実践編】　試合で最高のパフォーマンスを発揮する

フロー状態に入れば驚くべき能力が発揮《はっき》できる

『その瞬間　ぼくの周りから音が消えた』（第24巻90～91ページ）
周りの選手の動きがスローモーションに映《うつ》り、頭の中では「ヘディングで後ろに流して、右に振《ふ》り向《む》きざまシュート」と決めていたのに、無意識に体が動いてオーバーヘッドキックでシュート（バイシクル・シュート）を放つ――。

これは『ホイッスル！』の中で、将が見せた最後のプレーですが、フロー状態に入った選手の内面を見事に描写《びょうしゃ》しています。考えるよりも先に体が反応し、素晴らしいパフォーマンスを発揮《はっき》するというこの至福《しふく》の瞬間を、みなさんもぜひ体感してください。

前項の【準備編】では〝よい心の状態〟を作り上げるための準備についてお話ししましたが、本項では実戦の場においてフロー状態に入るための方法を紹介していきます。

「過去」や「未来」への思考を捨てる

フロー状態に入るためには、心が今この瞬間、つまり「現在」を選択していることが必要で

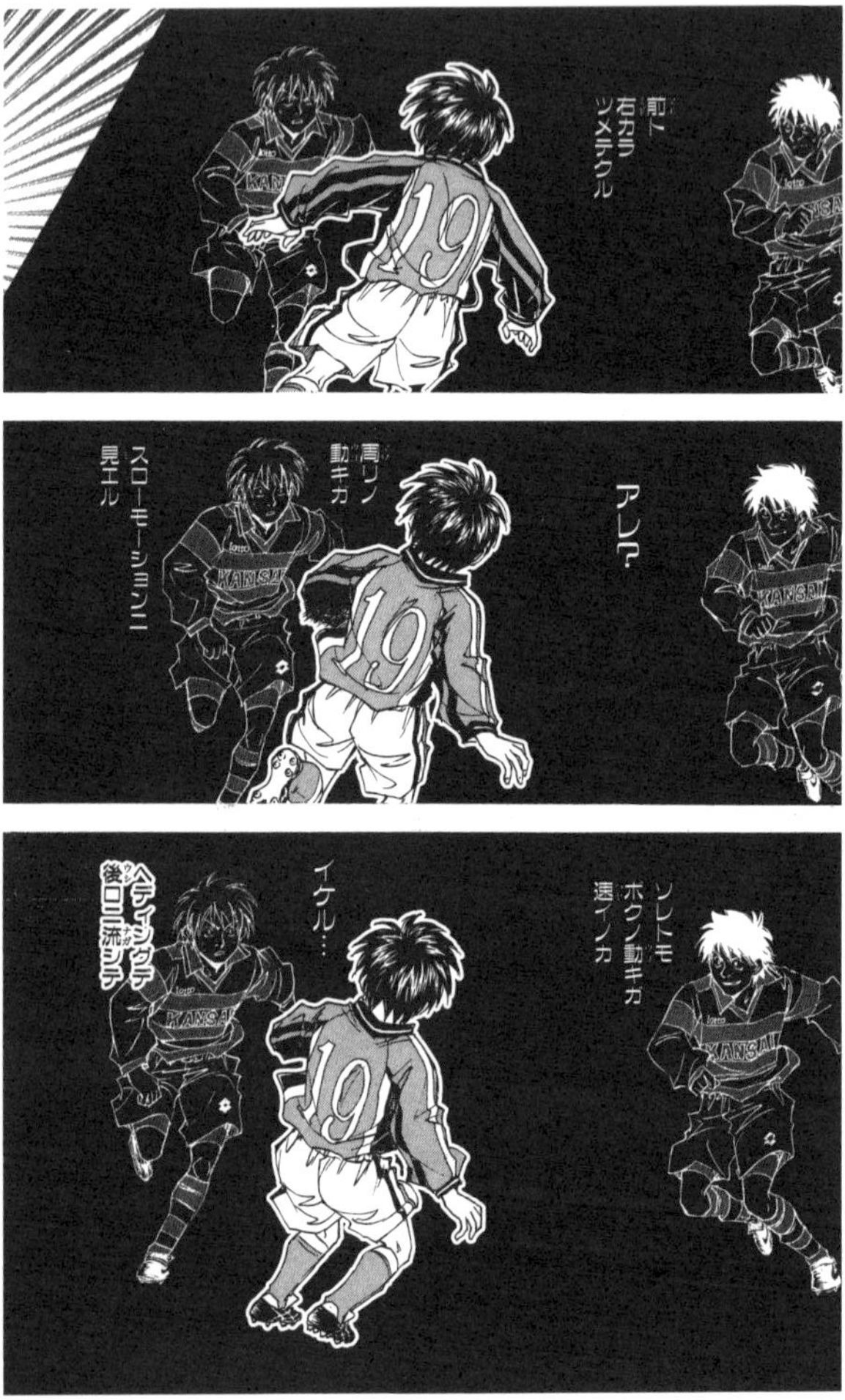
前ト 右カラ ツメテクル
アレ？
周リノ 動キガ
スローモーションニ 見エル
ソレトモ ボクノ動キガ 速イノカ
イケル…
ヘディングデ 後《ウシ》ロニ流《ナガ》シテ

フロー状態に入った選手の目には、いつもと違った風景が映る。
周囲の状況が手に取るようにわかるだけでなく、
「気がついたら体が勝手に動いていた」というプレーを引き出す。
『ホイッスル！』第24巻 92〜93ページ

す。では、それはいったいどういうことなのか、あらためて「心」の特性を理解していただくところから話を進めていきましょう。

心とは本来、とても自由な存在です。固定概念や思《おも》い込《こ》みといったセルフコンセプトにとらわれていない状態を保《たも》つことができれば、どんな悲観的な出来事が起きても自然とポジティブに受け止め、セルフイメージを大きく保つことができます。

しかし、自由だからこそ、心はフワフワとしていてつかみ所がありません。そのために、柔《じゅう》軟《なん》なセルフコンセプトが十分に育っていない人にとっては、なかなか自分の思い通りにコントロールすることができないのです。たとえば、「いつもポジティブでいよう」と決めていたとしても、それを実行するのは口で言うほど簡単でないことは、みなさん自身も嫌というほど体験しているのではないでしょうか?

じつは、なかなかポジティブ・シンキングができないのは、「過去」や「未来」を選択する思考そのものにも、大きな原因があります。

私たちの目の前には、常に「過去」「今」「未来」という三つの選択肢があり、そのいずれかを選択しながら生活しています。しかし、多くの場合は自分の意思で選んでいるわけではなく、やはりセルフコンセプトに強く影響されているのです。

ネガティブなセルフコンセプトを持つ人はもちろん、もともと思考というものは放っておくと、すぐに「過去」や「未来」を選択してしまいます。そして、セルフイメージには、「今」から思考が離れると、縮小するという傾向があります。

たとえば、過去を振り返って「どうしてあんなミスをしてしまったんだろう」「もっとうまくやればよかった」「やっぱりダメだった」などといくら考えても、すでに起きてしまったことを変えることはできません。しかも、変えられないものに思考を向けてしまうと、どうしても「後悔」や「文句」、「愚痴《ぐち》」「言い訳」というマイナスの感情が湧《わ》いてしまうため、結局はフロー状態を阻害《そがい》する要因となってしまうのです。

一方、思考が未来に飛んでいった場合はどうなるでしょう?

「うまくやれるかな」「負けるんじゃないか」「失敗したらどうしよう」などと、いくら考えたところで、結果がどうなるかは誰にもわかりません。わからないことを考えてしまうと、今度は「不安」や「恐怖」、「心配」といったように、やはりマイナスの感情が湧いてしまい、フローな状態とは程遠《ほどとお》い場所にとどまってしまうのです。

ちなみに、ほとんどの場合、「緊張」は「不安」から生まれます。自分ではどうにもならない未来を想像することで不安になり、緊張してしまうというわけです。

それらに引《ひ》き換《か》え、「今」というこの瞬間こそ、本当の意味で自由です。それは、自分の力でどうにでも変えることができるからです。つまり、「今」こそ変えるチャンスであり、変えられるのは「今」しかないのです。

こうして「今」に思考をフォーカスすれば、すでに起こってしまった「過去」を後悔したり、誰であろうとコントロールできない「未来」を不安に思うようなことはなくなります。その代わりに、目標設定や逆算《ぎゃくさん》思考などを使って「今、自分がやるべきこと」を探し出し、そこに意識を集中して「自分にできる精いっぱいのプレー」にチャレンジし続けられるのです。

一瞬一瞬の「自分がやるべきこと」を淡々《たんたん》とこなし、そこで「今」を自分の思い通りに変えていく作業を積《つ》み重《かさ》ねた先にこそ、望む結果が待っています。そんな思考を手にして目の前のプレーに集中すれば、セルフイメージは大きく安定し、やがてフローな状態を自分で手繰《たぐ》り寄《よ》せることができるのです。

自己妨害《ぼうがい》をなくすため、思考を「現在」にフォーカスする

ただし、「現在」は、ほんの一瞬で「過去」になってしまいます。「未来」のうちから「現在」をつかまえておくことも当然できません。このように、時間軸《じく》として考えると、「過去」や「未来」のほうが圧倒的に長くて広い存在ですから、「自由な今」をつかまえておくのは、とても難しいのです。

とくに大事な試合になればなるほど、一つのミスにとらわれて「また失敗するんじゃないか」と思ってしまうでしょう。あるいは、普段は難《なん》なく決められるPK《ピーケー》でも「何となく外《はず》す予感がする」「今日は決められないんじゃないか」などと、「過去」や「未来」が入り込み、余計《よけい》なことを考えてしまうことが多くなります。

普段は「下意識《かいしき》（67ページを参照）」でできるプレーでさえ、そんな〝ささやき〟が聞こえてくると「丁寧《ていねい》に蹴《け》らなきゃ」などと「意識」するため、かえって動きがぎこちなくなり、結果的にPKを外してしまう……なんてことになるわけです。

下意識で行うプレーは、どんなに複雑な動きでも、一連の流れとしてスムーズに行うことができますが、それが意識に戻された途端《とたん》、足首の角度や力加減、上半身の姿勢などへ意識が分散されるため、動きが細切《こまぎ》れになってしまうのです。

このとき「丁寧に蹴らなきゃ失敗するぞ」などと意識の中でささやいて「自己妨害」をしているのは誰だと思いますか？　それは、あなたの心の中にいる「内なる批判者」です。

じつは、私たちの心の中には、常に「二人の自分」がいます。テニスコーチだったティモシー・ガルウェイが、一九七四年に『The Inner Game of Tennis』という著書の中で発表した考え方によると、一人は「行動する主体としての自分」です。これは潜在《せんざい》意識や潜在能力と呼ばれることもあるもので、「本来の自分」と言い換えてもよいでしょう。この項目の冒頭で紹介した将のプレーは、この本来の自分が、下意識で自由にプレーできた状態だったわけです。

そしてもう一人が、さきほど「内なる批判者」と言った「命令を下し、ジャッジする自分」です。とにかくコイツは「そんなプレー、できるわけないだろう」などと言って、いつも批判的なジャッジを下したがります。また、「あのときもできなかっただろう？」という「過去」の話や、「そんなことをしたら負けちゃうよ？」という「未来」の話も大好きです。

もうおわかりでしょう。私たちの思考を「過去」や「未来」に飛ばしてしまう犯人が、じつはこの「内なる批判者」なのです。

フロー状態というのは、「本来の自分」が下意識で自由にプレーすることですから、コイツが意識の中に存在している限り、決して自分をフローな状態に導くことはできません。

したがって、「今」に集中して【揺《ゆ》らがないセルフイメージ】を育て上げる最大のポイントは、「内なる批判者を外すこと」なのです。

俗《ぞく》に言う「火事場《かじば》の馬鹿力《ばかぢから》」は、内なる批判者がささやく暇《ひま》がないほど切羽詰《せっぱつ》まった状況で発揮されることは、みなさんもご存じでしょう。そんなときこそ、人は驚くほどの潜在能力を引き出すことができるのです。

〝今、自分にできること〟に集中する

実際に「内なる批判者」を外すためには、たとえば「逆算思考（第1章を参照）」を働かせたり、あるいは「最低目標（第2章を参照）」に集中するなど、とにかく〝今の自分にできること〟を見つけて黙々とこなす必要があります。それができれば、やがて「内なる批判者」は言葉を失い、いつものように下意識でプレーできる状態を取り戻すことができます。

私がメンタルトレーニングを担当していたある選手は、手のひらに「終わったことは過去のこと」と書いて試合に臨《のぞ》んでいました。そして、ネガティブな思考に陥《おち》りそうなとき、この言葉を見直して「セルフトーク（78ページを参照）」を展開するのです。

また、成功したときも同じように「終わったことは過去のこと」という言葉を意識すれば、「過去」への後悔や「未来」への不安を取り除くことができます。

第4章でお話ししたように、言葉は思考を、そして心を作り上げます。

この選手のように、みなさんも「今に生きる」「今を大切にする」「今やるべきことをする」

「今に全力を注《そそ》ぐ」など、「今」という言葉を意識するようなセルフトークを展開し、「過去」や「未来」に飛んでいきそうな思考を「現在」に戻すきっかけにしてください。さらに、これをライフスキル・トレーニングとして毎日繰《く》り返《かえ》せば、「今」に集中するという意識がセルフコンセプトとして定着していくでしょう。

自然に湧き上がる感覚は放っておく

ただ、「内なる批判者」の声ではなく、自然に湧いてくる「感覚」を止めることまでは、私たちにはできません。五感を働かせて生きている以上、「暑い」「寒い」「大きい」「小さい」「痛い」「聞こえる」など、いろいろな感覚が生じるのは当たり前のことだからです。

たとえば、何か音が聞こえたとします。この場合、「音がする」というのは単なる一つの事実です。しかしここに、「内なる批判者」の「うるさいな」という批判的なジャッジが結びついてしまうから、感情が乱れてイラついてしまうのです。

あるいは「緊張しているな」と感じても、その「事実」を無理に抑《おさ》え込《こ》む必要はありません。「あ、俺、緊張してるわ」で、いいんです。感じるがまま、あるがままの状態で放っておくことができれば、フロー状態を阻害《そがい》する要因にはなりません。

反対に、緊張を取り除こうとすると「ヤバイ、どうしよう」という二番目の言葉を付け加えてしまうため、「緊張してる、ヤバイ、どうしよう」という思考にとらわれてしまい、焦《あせ》ってしまうのです。繰り返しますが、自分にとって大切な場面では、いつでも緊張してストレスフルな状態になります。その中でエッジに立ち、〝やっちゃう〟ことが重要なのです。

よく悟《さと》りを拓《ひら》いた偉いお坊さんが「無」になると言いますが、それは決して何があっても緊張しなくなるなどというわけではないはずです。偉いお坊さんだって、ワールドカップの舞台に立ったら、やっぱり緊張するんじゃないかと、私は思います。

しかし、その「緊張している」という事実は事実としてそのまま受け止め、そこに余計なジャッジを付け加えない、つまり〝とらわれない〟状態を「無」と表現しているのでしょう。

フロー状態もこれと同じです。たとえば「中盤のプレスが速い」「シュートコースがない」「逆転された」「俺のPKで勝負が決まる」といったさまざまな状況は、どれも目の前の事実であって、それ以上でも以下でもありません。

そこに「どうしよう」「負けるかもしれない」「あのときのミスのせいだ」などという二番目の言葉を付け加えなければ、どんな状況に立たされても、セルフイメージが揺らぐことはなくなります。

自然に湧く感情に、いちいち〝とらわれて〟はいけません。仕方がないことですので放っておきましょう。たとえば「緊張している」などの感覚に対して、ほかの感情が結びついていない状態が続けば、脳はそれを不要なものと判断し、時間がたつと勝手に流してくれます。

ちなみに、この「内なる批判者」を外すことを覚えると、本来はどちらのチームにも公平な存在であるはずの審判を敵に回すといった愚行《ぐこう》を避《さ》けることもできます。

誤解を恐《おそ》れずに言うと、審判も感情を持った人間ですから、完璧《かんぺき》に公平なジャッジを下すことは難しいでしょう。審判の心理について専門的に研究している人もいるくらいですから、これは覚えておいても損はないはずです。

たとえば、際《きわ》どいスライディングでファウルを取られた場合、「いまのは足に行ったと判断されたんだ」と、事実を事実のまま受け止めて、素早く次のプレーに切《き》り替《か》えることができたり、あるいは次にスライディングを仕掛けたときも「今度はボールに行ってますよね？」と、冷静にアピールすることができるでしょう。審判も人間ですから、このように落ち着いた対応をされると、どうしても「こちらも公正にジャッジをしなくては」という心理が働くことは容《よう》易《い》に想像できると思います。

反対に、審判のジャッジに対して「納得できない」「どこ見てんだ！」などと二番目の言葉をつなげて感情的に抗議してしまえば、最悪の場合、その場でレッドカードを食らってしまいます。そうでなくとも、審判に「要注意プレイヤー」の烙印《らくいん》を押され、次からはさらに厳しいジャッジが下ることになるでしょう。

また、天候についても、同じことが言えます。風が強い、雨でグラウンドがぬかるんでいるなどの悪天候を、客観的な事実として冷静に受け止めれば、それだけでイラついたり、集中力を欠《か》いたりしている相手チームの選手に対して、試合が始まる前からセルフイメージの大きさに差をつけられることがわかると思います。

つまり「内なる批判者」を外すことで、同じ条件のもとでも、相対的に敵のチームよりも心理的に優位に立つことができるというわけです。

ゆっくりと息を吐《は》いてリラックスする

「フロー状態」の反対の状態は、「ストレス状態」です。

多くの人は「内なる批判者」の言うがままに、「イヤだ、イヤだ」「自分には無理！」などと、常にセルフイメージが揺らぎ、ネガティブなセルフコンセプトにとらわれています。

こうしたストレスは心だけでなく、体にも影響を及ぼしてしまうのですが、とくに「呼吸」はメンタル面と密接に結びついているため、「心の状態がうまくいっているかどうか」を自分でチェックすることができます。

たとえば、緊張してセルフイメージが小さくなっているときは、たいてい呼吸が浅くなっていますので、チェックする習慣を身につければ、すぐに判断できるようになるでしょう。

一方、落ち着いているときは呼吸が深くなるとともに、「上虚下実《じょうきょかじつ》（おへその上は柔《やわ》らかく、みぞおちが下に落ちている）」、いわゆる〝腹《はら》が据《す》わっている〟という状態になります。この状態のときこそ、心の状態がよく、高いパフォーマンスを発揮できるときなのです。

一般的に、自律神経《じりつしんけい》というのは、自分自身でコントロールすることができません。だから〝自律〟神経と呼ぶのですが、じつは呼吸だけは唯一《ゆいいつ》、自分でコントロールすることができます。したがって、チェックの結果、「状態がよくない」と思えば——そうです、自分自身でよい状態に改善することができる、というわけですね。

たとえばPKを蹴る前などに、「緊張しているな」「呼吸が浅くなっているな」と感じたら、みぞおちあたりに手のひらを当ててみてください。硬《かた》くなっているはずです。

そこで次に、おへその下に手を当ててください。このおへその下には日本の古武術などでよく耳にする〝丹田《たんでん》〟という場所があります。ここに手を当てて、横隔膜《おうかくまく》を上下させながら、ゆっくり丹田で呼吸するのです。息を大きく「吸って」、ゆっくり「吐く」ことで、副交感神《ふくこうかんしん》経《けい》が優位になり、リラックスした状態が生まれます。このとき、息を吸うことよりも、必ず吐き出すほうに意識を集中させましょう。たとえば四秒かけて息を吸ったら、その倍の八秒かけてゆっくり吐き出すというのを、一つの目安にしてください。すると、自然にみぞおちあたりも柔らかくなってきます。

さらに、この際、「おへその下に手を当てて、ゆっくり息を吐く」という動作を、試合前や後半開始前、PKやFK《フリーキック》を蹴る前など、事あるごとにルーティン（＝いつも決まった動作をすること）として習慣づけてしまいましょう。

仮にみなさんが今、ワールドカップの決勝でPKを蹴ることになった場合、おそらく頭の中は真っ白になってしまうはずです。でも、そんなときでさえ、習慣となったルーティンは自然に実行されますから、正しい呼吸によって自動的に副交感神経が優位になり、勝手にリラックスできてしまうのです。

もう一歩、話を進めると、ルーティンの中に「しっかりと正しい呼吸をする」という「セルフトーク」まで含《ふく》めておくと、さらに効果的です。

たとえば頭の中で「ペナルティー・スポットから五歩下がったところで正しい呼吸をする」

という言葉を思い浮かべながらルーティンを行っているとき、自分の意識はどこにあると思いますか？

答えは「今」です。正確には、「今、自分がしている動作」のことを考えています。

人は一度に二つのことは考えられません。ですから、仮に自分の蹴る順番が回ってくる直前まで、ずっと「外したらどうしよう、ヤバイな」と考えていたとしても、このルーティンを入れた瞬間、「正しい呼吸」という言葉が「どうしよう」という言葉を追い出してくれるので、思考を「今」にフォーカスすることができるとともに、「未来」のことを一瞬外した状態で蹴ることができるのです。

また、ミスをしたときも同じです。「ヤバイ！」とパニックになる前に、「ミスをしたら正しい呼吸を実行する」というセルフトークをルーティンにしておくと、その瞬間、思考を「今」に戻すことができるため、第7章でお話しした「思考停止法」としても使うことができます。

みなさんもよく知っているように、ルーティンと言えば、打席に入ったときのイチロー選手の動作が有名でしょう。あそこまで上《のぼ》り詰《つ》めた選手でさえ、WBCの決勝のときは、めちゃくちゃ緊張していたそうです。それでも、例のルーティンをはさんでバットを構《かま》えた瞬間、勝負に没頭《ぼっとう》できる――つまり、どんな状況に置かれていても、頭の中から一瞬、「内なる批判者」が消えるのです。

逆に、息を「ゆっくり吸って」、「短く吐く」と、交感神経《こうかんしんけい》が刺激されるため、余計に緊張が高まってしまいます。その点だけは、くれぐれも間違えないように注意してください。

「今に集中すること」がフロー状態への近道

フロー状態というのは、一試合を通して入ったままというケースは稀《まれ》で、一般的には出たり入ったりという状態を繰り返します。

では、どんなときにフロー状態から脱却《だっきゃく》してしまうのでしょうか？

それは、これまでにもお話ししてきたように、「過去」や「未来」といった「できないこと」や「わからないこと」に意識が飛んだときです。

そうなると「あ〜、あれができなかった」「これができなかった」「どうしよう」という思考が重なり、最終的に「ネガティブ・スパイラル（第7章を参照）」に陥ります。

そこで、もう一度フロー状態に入るためには、やはり〝今の自分にできること〟を課題として設定し、それを黙々とこなすことが大切です。そこに意識を集中することで「あ、できた」「できた」「またできた」と、ポジティブな思考をどんどん積み重ねていけば、だんだんとセルフイメージが大きくなっていくとともに、もう一度フロー状態に入るための条件が整っていくというわけです。

コラム❷「ポジティブ・シンキング」の罠《わな》

「ポジティブ・シンキング」とは、たとえばP《ピー》K《ケー》を蹴《け》る際、「成功してゴールを決める瞬間を思《おも》い描《えが》く」――といったように、常に勝利や成功を手にするベストな状態の自分の姿を思い描く心理的なテクニックだと思っている人が多いのではないでしょうか？

驚かれるかもしれませんが、このような使い方は難しくて、誰でもできるものではありません。

仮に、大事な試合前に「ゲーム中は常にポジティブ・シンキングを実践《じっせん》しよう」と心に決めたとします。しかし、たとえば自分のミスで点を奪《うば》われるなど困難な状況に直面し、少しでも弱気が頭をもたげてくると、途端《とたん》に「どうして俺はポジティブになれないんだろう？」「今度こそ絶対に決めなくては」などと自分を責めてしまうため、自分の意思とは裏腹《うらはら》に、かえってどんどんネガティブな思考に陥《おちい》ってしまうことがあるのではないでしょうか？

このように、ポジティブになろうと焦《あせ》れば焦るほど、逆にネガティブな思考に支配されてしまう――それが〝「ポジティブ・シンキング」の罠《わな》〟です。

「成功」や「勝利」は、まだ手にしていない不確定な未来ですので、それを追い求めれば不安になるのは当たり前のことなのですが、「ポジティブなイメージを持たなければ」と思《おも》い込《こ》みすぎると、その〝ポジティブであること〟にとらわれてしまうのです。頭の中では「ポジティブ・シンキングが大事」と思っていても、なかなか実行できないのはそのためです。

では、いったいどうすれば、ポジティブ・シンキングが可能になるのでしょうか？

ヒントは、第1章で紹介した「逆算《ぎゃくさん》思考」の中にあります。

逆算思考を使って〝今の自分にできること〟を、ただ淡々《たんたん》とこなしていく。こうして「結果（未来）」にとらわれずに、「現在」に集中するその行為が、第三者の目を通して見ると、ポジティブに映《うつ》るというだけなのです。

「ポジティブ・シンキング」や「プラス思考」というのは、追えば逃げる蜃気楼《しんきろう》のような存在です。つまり、「ポジティブ・シンキング」というのは、自分からその状態を狙《ねら》いにいくものではなく、逆算思考の副産物として、あとからついてくるものなのです。言《い》い換《か》えれば、ポジティブ・シンキングは、自分の目には決して見えないということです。

実際、逆算思考が習慣としてすでに身についている選手は、指導者やチームメイトなどの第三者に指摘されるまで、自分の思考がポジティブ・シンキングだということに気づかないことが多いのです。

したがって、みなさんも「ポジティブになれない」からといって、焦らず、常に〝今の自分にできること〟に意識を集中してください。こうして日常的に逆算思考を実践すれば、やがて真のポジティブ・シンキングが自然に身につくようになるはずです。

［第9章］ 断固たる決意

強いチームの絶対条件

勝つチームの原点となる強靭《きょうじん》な意志——

チーム内に温度差がある状態では、
なかなか勝利を目指す集団にはなりません。
チームビルディングの核《かく》となる断固たる決意のもと、
全員で目標を共有するところから始めましょう。

やったね 目指《めざ》すは 都大会《とたいかい》だな
都大会《とたいかい》？
俺《おれ》らが 目指《めざ》すのは
世界《せかい》さ
はっ
最高《さいこう》だぜ お前《まえ》！
あれから一年《いちねん》—— 俺《おれ》たちは羽《は》ばたく この翼《つばさ》のもとに

本気で目標を目指す強い意志を持っているか？

どうしても実現したい目標が、みなさんにはありますか？　「ある」という人は、この先、どんなに苦しくても、くじけずに努力していく覚悟は固まっているでしょうか？

いきなり脅《おど》しのように始めてしまいましたが、このような「覚悟」や「意志」は、チームにさまざまなよい効果をもたらします。

『ホイッスル！』の中でも、こうした〝強い決意〟の典型的なケースが描《えが》かれていますので、まずは振《ふ》り返《かえ》ってみましょう。

春の大会では武蔵森学園に惜《お》しくも敗《やぶ》れた桜上水中でしたが、強豪《きょうごう》相手に善戦したという噂《うわさ》が広がって入部希望者が殺到。新しい顔ぶれを加えた桜上水中サッカー部の練習は、以前にも増してハードになりました。

夏の大会が近づいてきた頃《ころ》、キャプテンの水野はチームをさらに鍛《きた》え上《あ》げるため、学校で強化合宿を行うことを告げます。部員たちはみんなうんざりした様子でしたが、将は『もっとうまく　強くなって　武蔵森に今度こそ勝ちたい！』と宣言しました（第4巻82ページ）。

毎日の練習で体力的にギリギリのところまで追《お》い込《こ》んでいるにもかかわらず、さらに過酷《かこく》な日々が待ち受けている――そんなことは百も承知で、将はむしろ喜んで受け入れています。

その理由はただ一つ、「武蔵森に勝ちたい」という目標に対して「何としてでも実現させる」と、本気で〝決意〟をしているからです。

将は、単なる夢や理想として「勝ちたい」と言っているわけではありません。現実に倒すべき相手としてとらえた上で、逆算《ぎゃくさん》思考を働かせて「もっとうまくならなければ勝てない」と考えているのです。

このような強い意志のことを、スポーツ心理学では「断固たる決意」と呼びます。

多くの人が集まっただけの「寄せ集め集団」から脱却《だっきゃく》し、チームとして機能するような組織作りを目指す「チームビルディング」ではとくに重要な考え方ですので、本章でしっかりと覚えてください。

断固たる決意がチームの結束力を生む

最初に将が「武蔵森に勝ちたい」と宣言したとき、部員たちはどう反応したでしょうか。

将の宣言は唐突《とうとつ》だったため、全員が一瞬キョトンとした表情を見せたものの、合宿の言い出しっぺである水野はもちろん、シゲや高井なども、将の本気の熱に突き動かされるようにして同じ場所（目標）を目指すことに同意しました。その根拠は「だって俺たち武蔵森に勝ちたいんだから、もっと練習してうまくなるしかないだろ？」という、じつにシンプルな理論です。

一方、「女の子にモテたい」「流行《はや》りだから」という軽い気持ちで入部した新参者《しんざんもの》たちの反応はどうでしたか？　『冗談《じょうだん》じゃねー　これ以上まだやるワケェ？』『サッカーって　もっとスマートかと思ったら　ダサダサのスポ根じゃん』などと、それぞれ自分勝手なことを口にして、こぞって退部してしまいました。

もっとうまく
強《つよ》くなって
武蔵森《むさしのもり》に今度《こんど》こそ勝《か》ちたい！

強い組織を作り上げていくためには、
「どうしてもたどり着きたい」という目標を、
チーム全員で共有する必要がある。
『ホイッスル!』第4巻 82ページ

これが断固たる決意をした人と、そうでない人の差です。

このように「断固たる決意」とは、自分を限界まで追い込むほどのキツい練習だったり、ポジションをコンバートされたり、時にはレギュラーから外《はず》されて一軍のサポート役に回ったりするなど、自分にとっての不利益があったとしても、チーム全員に「この先、個人的な都合よりチームの目標を優先できるか？」、つまり「それでもそこ（＝武蔵森に勝つ）へ行きたいか？」と突きつけるという、ある意味で非情《ひじょう》な行為です。あとは問われた側の選手が「行きたい」か「行きたくない」か、そのどちらかを選ぶだけです。

このとき、「行きたい」と決意して残ったメンバーは「打倒・武蔵森」を合言葉《あいことば》に、以前よりも確実に結束を固めていきましたよね？

このように、「仲良し集団」から脱皮《だっぴ》し、「戦う集団」を目指す発展途上のチームにおいて逃れられない試金石《しきんせき》となるのが、この「断固たる決意」なのです。

もちろんサッカー部に入る動機には、「強くなる」という以外にも、さまざまな目的があっていいはずです。たとえば趣味としてサッカーを楽しみたいとか、指導者を目指したい、さらに言うと、「女の子にモテたい」という動機だって、わからなくはありません。

ただし、スポーツ心理学の世界では、「コンペティティブ（競技の）・スポーツ」と「レクリエーショナル（娯楽の）・スポーツ」とを、明確に区別しています。

競技スポーツとしてのサッカーを志《こころざ》し、本気で強くなりたいと思えば、チームの目標は一つでなければいけません。

一軍と二軍、レギュラー組と控《ひか》え組、あるいはマネージャーなど、チーム内の立場によって、仕事の内容や責任の重さに違いはあるでしょう。それでも全員が一つの目標へたどり着くために、それぞれの役割を理解し、目標達成に向けて〝覚悟〟を決めない限り、その過程で遭遇《そうぐう》する数々の困難を乗り越えていくことなど到底《とうてい》できません。

まして日本一を目指すなら、チーム一丸《いちがん》となり、全員が同じ方向を向いて努力を続けていかないことには、実現の可能性などゼロに近いことは明らかです。断固たる決意のもと、一人ひとりが絶対に日本一になるという目標を理解するとともに、全員で共有する必要があるのです。目標は全員に共通するものであると同時に、一人ひとりのものでもある――それを忘れないでください。

「それでも行きたいか？」と確認し合う

断固たる決意をしていない（＝一人ひとりの目標がバラバラな）状態のままだと、いったいどうなってしまうでしょうか？

チームの目標を設定するという作業は、自分が乗り込む船の行き先を決めるようなものです。この作業を省略して目的地がないまま船出をすると、残念ながらどこへもたどり着きません。

たとえばチームの中心選手たちはアメリカ本土を目指して必死でオールを漕《こ》いでいるのに、ほかの部員は「何でこんなつらい思いまでしてアメリカに行かなくちゃいけないんだ？　俺たちは四国で讃岐《さぬき》うどんが食べたかっただけなのに」と嘆《なげ》くような事態を招いてしまうでしょう。

将が「武蔵森に勝ちたい」と宣言したとき、桜上水中はまさにこの状態でした。

このとき退部する者たちを引き止めるために、ひとまず目標のレベルを下げ、強化合宿を中止したり、練習の内容を多少緩《ゆる》くしたりするという選択肢も、なかったわけではありません。

実際に、高い目標を掲《かか》げたものの、やがて「このあたりが現実的」という線で落ち着いてしまうことは、よく起こります。

最初は日本一と言っていたにもかかわらず、「やっぱり地区大会の優勝あたりで」とレベルを下げてしまったり、最初から「自分たちの去年の成績から考えると、地区大会出場が現実的なライン」といった〝根拠〟にもとづく目標を設定する――こうして「できっこない」「勝てっこない」などと言って、自分たち自身で勝手に限界を作ってしまうのです。

受験勉強で言えば、最初は「東大合格！」と息巻《いきま》いていたのに、何度も模試を受けたり進路相談を受けたりして現実がわかってくるにつれ、いつの間にか志望校のレベルが下がっていた、あるいはハナから偏差値判定に沿《そ》った志望校選びをしてしまうといったところでしょうか。

しかし、将や水野が「新人が慣れるまで」などと言って、彼らに合わせて練習の質を下げてしまっていたら、永遠に武蔵森学園に勝てる見込みのないチームになっていたでしょう。

心理学の理論から言っても、私の経験から言っても、妥協《だきょう》の産物として現実的な目標を設定するより、考え得る限り一番高い目標を設定するほうが、確実に強いチームになります。

たしかに日本一になれるチームは、全国でたった一チームだけです。

しかし、あえて言いましょう。目標は「日本一」でいいのです。

もっと言うと、本当に日本一になれるかどうかなんて、この際どうでもいい。「なりたいのかどうか」という〝決意〟が問題なのです。

より大きな目標が「意識の差」や「質の差」を生む

たとえば、新チームが発足《ほっそく》したときに、現実的な「地区大会優勝」を目標に設定し、それが達成できたら次の目標を設定する、と決めたことにします。

おそらくこのチームは、〝当面の目標〟であったはずの「地区大会優勝」を達成するために、一年のすべてを費《つい》やしてしまうことになるでしょう。

ところが、同じチームでも最初から「日本一」を目指したらどうなるでしょうか？

この場合、「地区大会優勝」は、ただの通過点でしかありません。その意識で練習を重ねれば、あっさりと春の大会で「地区大会優勝」を勝ち取ったりするものです。

50メートル走のタイムを計測するとき、ゴール地点で止まらずに、もっと先まで駆《か》け抜《ぬ》けたほうが、タイムは上がります。これと同じように、目標を決める場合も、より高いところを目指したほうが、最終的によい結果が得られるのです。

ここでみなさんに質問です。「日本一になるための練習」「東京都で優勝するための練習」「地区大会で優勝するための練習」、それぞれに違いはあるでしょうか？　パスやシュート、フェイント、フィジカル・トレーニングなど、身につけるべきものに違いはありませんよね？

一つだけ違ってくるとすれば、それは「意識の差」です。

同じ練習メニューでも、この目的の違う三チームを集めたら、「意識の差」が明らかに違うことに気づきます。そしてそれが、練習の「質」の違いを生むのです。

たとえば、四対二でボールを回す練習を、例として挙《あ》げてみましょう。

「地区大会優勝」でいいと思っているチームは、ボールを取られなかったらOKという練習で満足してしまいます。一方、「日本一」を目指すチームは、パスを出すタイミングや受けるタイミングはもちろん、トラップの方向や体の使い方、パスのスピードやボールの回転、声の出し方、グラウンドの状況まで確認し合うはずです。

シュートにしても、フェイントにしても、同じことが言えます。

こうして、一つひとつの「意識の差」や「質の差」の積《つ》み重《かさ》ねが、最終的な実力や成績につながるとしたら、どうでしょうか？　考えられるだけの高い目標を目指したほうがいいということがわかってもらえると思います。

つまり「断固たる決意」というのは、自分が「今できる限りのことを今日やる」ためのものとも言えるでしょう。

しかし、誤解しないでください。それは馬の前にぶらさげるニンジンのように、どんなに努力しても食べられないようなものでは、決してありません。

最終目標と現在の自分との距離を冷静に見つめ（第1章の「逆算《ぎゃくさん》思考」を参照）、そのために達成すべき目標を作り（第2章の「小さな目標」を参照）、その上で明確になった〝今日、自分がすべきこと〟に集中する。これは自分の手の中にある目標を、自分自身の力で握る努力をするということですから、絶対に手の届かない夢や理想などではないのです。もう一度言います。目標は手の平の上に載《の》っています。あとは〝握る努力〟を「する」のか「しない」のか？　それを決めるのは、あなた自身です。

人間の能力なんて、いまだに正確には把握《はあく》できていません。筋肉一つとっても、すっかり解明しつくされているわけではないのです。それなのに、自分で限界を決めてしまうなんて、もったいないとは思いませんか？

同じ一日、一年であっても、どれだけ〝質の高い時間〟を過ごしたかによって大きな差が出るわけですから、みなさんもどんどん高みを目指していってください。

「断固たる決意」は「逆算思考」を促《うなが》す

ここで少し、私の話をさせてください。

高校時代、私は慶應大学しか受験しないと決めていました。野球部に入って神宮《じんぐう》球場の六大学野球に出場する、とりわけ「早慶戦《そうけいせん》に出る」という、断固たる決意にもとづく明確な目標があったからです。

それでも当時、私の偏差値は42程度でした。何しろ野球部のクラスメイトが授業中に寝ていたら「負けられない、俺も休まなきゃ」と思って寝ていたくらいですから、学校の成績がいかほどだったか、何となくわかってもらえると思います。

そんな状況でしたから、予備校のカウンセラーに「慶應大学しか受けません」と言ったら、最初は冗談だと思って信じてくれませんでした。当然、偏差値に見合った大学を勧《すす》められましたが、私は「合格圏内《けんない》」の大学には、一切興味がありませんでした。理由は「早慶戦に出られないから」です。ちなみに、その後、高校時代の担任の先生のもとに合格の報告へ行ったとき、驚きのあまり先生は椅子《いす》から転げ落ちてしまいました（実話です）。

私が指導する高校生のチームでも、「偏差値が60だから、ここと あそこが受けられる」といった「足し算《ざん》思考」で志望大学を決めた子は、模試のたびに一喜一憂《いっきいちゆう》し、ひどく苦しんでいるように見えます。

一方、「あのチームでサッカーがやりたいから絶対ここに入りたい」「この勉強がしたいから、必ずあの大学に行く」など「断固たる決意」ができている子は、たとえ受験シーズンの初期は合格圏から外れていても、最終的に伸びることが多いのです。

その理由は、「断固たる決意」ができていれば自然と「逆算思考」が働くため、たとえば「英語の中でも、とくに文法が弱い」など、自分の弱点を正確に把握することができるからです。そこまでわかっていれば、同時に〝今やるべきこと〟も、明確に見えるようになります。

これが「足し算思考」の場合、模試の成績が悪ければ、結果を見るのも怖《こわ》くなってしまうところですが、どうしても合格を手にしたい子は、もう「見るしかない」「やるしかない」のです。それがわかっているからこそ、立ち向かえるのです。弱点がわかっていれば、それを克服《こくふく》するために、自然と〝質の高い勉強〟ができるようになっていきます。つまり、ここでも「意識の差」が、勉強の「質」の違いを生むというわけです。

一部の〝決意した人間〟が本気の火を灯《とも》していく

さて、今度はみなさんの話です。現在、自信を持って「これは断固たる決意だ」と言い切れる目標があるかどうか、今一度、自分自身に問《と》い質《ただ》してみてください。

「自信がない」と答えた人の多くは、本当は「こうなりたい」という希望があるにもかかわらず、口に出すのが恥ずかしい、あるいは身《み》の程《ほど》知らずだと言われるのが嫌なだけではないでしょうか？　それでは、あまりにももったいない――。

断固たる決意というのは、まずはじめに目標の宣言ありきの行為です。当たり前ですが、誰もあなたの目標を知らない状況では、いつまでたってもチーム全員の決意など生まれようがありません。さあ、思い切って、自分の目標を宣言してください。

一方、「言える」と答えた人は、すでに目標に向かって努力しているでしょう。今後はそれを、チームで共有できるようにしてください。最初の頃の水野のように、一人だけ決意をしていても、それをチームに還元《かんげん》しない限り、強くはならないからです。

桜上水中が断固たる決意のもと、結束を固めていけたのはなぜでしょう？　それは、将の転校をきっかけに、将自身が水野やシゲなどの中心選手を巻き込み始めたからです。それでも最初の頃、高井や野呂くんなどは、なかなかその厳しさについていけませんでしたよね？

このようにチームビルディングの初期段階では、目標や熱意には、それぞれ個人差がありまず。そのため、断固たる決意をチーム全員で共有していくときは、あとどのくらい努力を重ねれば目標に届くかという基準が見えている人が、それを他の人へ伝えるという形式をとります。チーム全員の話し合いによる決意など、そうそう起きるものではありません。一部の〝決意した人間〟が、周囲のチームメイトたちに少しずつ本気の火を灯《とも》しながら、情熱を持って粘《ねば》り強《づよ》く集団を引っ張っていくしかないのです。

このとき、一部の人間になり得るのは、あくまでも選手自身であり、監督やコーチなど、いわゆる〝上の人間〟ではありません。上からの「指示」や「命令」というパワーや権力で動いているうちは、決して断固たる決意には至《いた》らないことを忘れないようにしてください。

議論を重ねてチームの中心軸《じく》を見つける

本気で戦う集団をゼロから作り上げるためには、長い時間と根気が必要です。

また、本気であればあるほど、目標とのレベルの差を思い知らされることになるでしょう。そこに至るまでの厳しさや苦しさは、並大抵《なみたいてい》のものではありません。

もともと選手の質が違う、グラウンドが狭《せま》い、監督にサッカー経験がない、学校行事で練習時間がとれない、いい選手が入ってこない、部の予算が少ないなど、目標に到達できない言い訳は、いくらでも出てきます。チームビルディングの初期段階では、困難に直面するたびに言い訳に逃げてしまうのも、仕方がないことかもしれません。

それでも、やがて「こんなに苦しい思いまでして、本当に俺たちは○○に勝ちたいのか？」「いや、もっと厳しくしないと、とても○○大会は勝ち抜けない」などという議論が、日常的に起きることになるでしょう。さらにいったん断固たる決意をしたからといっても、チームにはさまざまな問題が起こります。それこそ一つの試合の中でも、決定的なミスやケガ、時にはチームメイト同士のケンカなど、絶体絶命《ぜったいぜつめい》のピンチが何度も起こる可能性だってあります。

そのたびに、決意が揺《ゆ》らがないという保証など、どこにもありません。

こうして何度も繰り返《くかえ》される議論ややりとりは、一見、時間の無駄のように思えるかもしれません。でも、そういう時間こそ大切にしてください。

本気で強くなりたいという思いがあれば、チームに対する疑問や不満、そして議論の一つひとつは、決して無駄にはなりません。そのまま粘り強く続けていけば、やがてチームの軸《じく》（＝断固たる決意）がはっきりと像を結ぶはずです。

それは、体の中心を見つける「センタリング」というトレーニングに似ています。

あぐらをかき、お尻《しり》の下に柔《やわ》らかいボールを置いて体を前後左右に動かすと、はじめはグラグラと不安定に揺れてしまいます。しかしだんだん「あ、ここが中心だな」という軸のような感覚が体の中に生まれます。この感覚が身につくと、たとえば試合中に少しくらいバランスをくずされても、重心をしっかりとってすぐに体勢を整えることができるようになります。

これと同じように、本気で強いチームを作り上げていく段階では、冷静な話し合いだけではなく、不満の噴出や味方同士の衝突などによって、チームが前後左右に激しく揺さぶられるため、迷走を繰り返したり、空中分解の危機に陥ったりするかもしれません。

ここは間違いなく、とてもつらくてしんどい時期になるはずですから、その克服は最も困難な課題の一つと言えるでしょう。

でもそんなときこそ、真っすぐに目標へ通じる一本道を進んでください。

第5章の「エッジに立つ」が勝負の醍醐味《だいごみ》だとしたら、この「チームビルディング」はチームスポーツの醍醐味です。もっと言えば、人間関係の醍醐味です。ここをしっかりと経験し、目をそらさず真正面から問題に取り組めば、人間的にも大きく成長できるはずです。ここは一つ、ぜひ踏《ふ》ん張《ば》ってください。

みなさんのチームがこうした時期を迎えたとき、具体的にどう対処するべきかについては、このあとの章であらためて詳《くわ》しくお話しするつもりですが、それでもあきらめずに揺する作業を続けていると、やがて「自分たちの断固たる決意は、ここにある」「日本一という目標はやっぱり本気だった」という中心軸が必ず見つかるでしょう。

こうした作業を、時には数カ月にも及んで繰り返すことによって、ようやく断固たる決意をもとにチームが一つになっていくのです。

最後に、もう一度、強調しておきます。

断固たる決意は、チームビルディングの核《かく》となる行為です。

チームがうまくいかなくなったとき、あるいは自分自身が困難な状況に立たされたとき、つまりチームの決意が揺らぐたびに立ち戻るべき原点こそが、この断固たる決意なのです。

今後は、幾度《いくど》となくここへ立ち戻ってきてください。あとは「やる」か「やらない」か、あなた自身がどちらかを選ぶだけです。

［第10章］人間関係の超回復

信頼関係の築き方

信頼関係の太い絆《きずな》でチームを束《たば》ねる――

チームが本気で高い目標を目指そうとすれば、
必ず味方同士で衝突が起きるものです。
それでも恐れずに本音を突き合わせて
人間関係の超《ちょう》回《かい》復《ふく》を起こしましょう。

あんたの実力《じつりょく》なんてその程度《ていど》か？
10番《ばん》が聞《き》いてあきれる!!
脱《ぬ》げよ！
俺《おれ》が着《き》てやる!!

敵よりも味方に立ち向かうほうが難しい

みなさんはチームメイトに対して、臆《おく》することなく厳しい意見を言うことができるでしょうか？

あるいは、ズバズバと厳しい意見を言うチームメイトに対して、逃げ腰になったりケンカ腰になったりしていないでしょうか？

なれ合いの集団で満足するなら、お互いに本音をさらけ出す必要など、どこにもないでしょう。しかし、前章の「断固たる決意」のもと、強いチームを作りたいと本気で思えば、そこから逃げ出すことはできません。

そのよい例を『ホイッスル！』の中からピックアップしてみましょう。

夏の大会の支部予選、第四ブロックを一位で通過し、地区トーナメント進出を果《は》たした桜上水中でしたが、GK《ゴールキーパー》不破とディフェンス陣の連携《れんけい》がうまくいかず、ギクシャクしてしまいます。歯《は》に衣着《きぬき》せぬストレートな言葉でディフェンス陣の非《ひ》を責め立てる不破に対して、技術レベルが劣《おと》ることを自覚している彼らが萎縮《いしゅく》してしまったのです。

そんなチームの状況を知りつつも、松下コーチは『遊びのサッカーなら　うわべのつながり（なかよしこよし）でいいでしょう　しかし　勝ち進んでいきたいなら　本音と本音をつき合わせ　もがき苦しんだ末に手にした絆《きずな》がなければ　戦いぬけない』と考えて直接手を差し伸べようとせず、選手たちの自主性に任《まか》せることにしました（第7巻53ページ）。

前章でもすでにお話ししましたが、ただの「寄せ集め」から脱却《だっきゃく》し、チームとして機能するための組織作りのことを「チームビルディング」と呼びます。

その初期段階では、本気で目標を実現しようと頑張っている選手もいれば、そうでない選手もいます。もちろんレギュラーだからといって、全員が最初から覚悟を決めて目標に向かっているわけでもありません。どんなチームでも、最初はそうなのです。

この段階でお互いの間に存在する壁を取り払い、本音で話し合えるかどうかが、強いチームへと変貌《へんぼう》するカギを握っています。

初期段階のチームで本音を突き合わせるのは、とても難しいことでしょう。立ち向かう相手が敵ではなく味方なのですから、これは精神的にとてもタフな作業です。誰だって味方とぶつかり合うのは骨が折《お》れます。できれば何事もなく、いつも通りに仲良くしていたいという心理が働くのも無理はないでしょう。

でも、だからといって、本音を隠したままでは、いつまでたってもチーム全員の気持ちを一つにすることなどできません。

〝敵に立ち向かうことは易《やさ》しくない、でも味方に立ち向かうことはもっと難しい〟

私が勝つためのチーム作りを依頼《いらい》されたとき、いつも立ちはだかる高い壁が、じつはここです。「うわべのつながり（なかよしこよし）」で満足するか、あるいは成熟したチームを作り上げるために、タフな作業に立ち向かうか？

さて、みなさんはもう覚悟を決めたでしょうか？

空気を読まずにチームを揺《ゆ》さぶる

『ホイッスル！』に話を戻しましょう。

岩清水工大付属中《いわしみずこうだい》（岩工）戦を明日に控《ひか》え、松下コーチはおやっさんの屋台へ全員を連れていきます。ここ最近のムードの悪さをみんなが感じているせいか、おでんを口にしながら、それぞれが明日の試合への不安を漏《も》らしていました。

ここでついに、DF《ディフェンダー》野呂くんの不満が爆発します。

『今のチームはギスギスしててイヤです』『ぼくは勝ち負けなんか　どうだっていい！』『今の風祭先輩はぼくらを見ていない！　先輩一人だけでどんどんうまくなっちゃって　どんどん先へ歩いていこうとする！』と、息つく暇《ひま》もなく本音を激白しました（第7巻58〜59ページ）。

こういう場合、あなたならどうしますか？　野呂くんとの人間関係を壊《こわ》したくなければ、安易に「ごめん」と謝ったり、「野呂の言う通りだ」と、彼の意見に同調したりすれば、話は簡単です。しかし、そこで得られる成果は現状維持《いじ》だけです。

また、事の核心《かくしん》を逸《そ》れて「その言い方はなんだ」とか、「個人攻撃はよくないんじゃないの？」という方向に話が進んでしまうのも、よくあることです。

あるいは、後輩が先輩に意見するとき、または実力的に劣る選手がチームの中心選手に本音で語った場合などは、「ヘタっぴなヤツが偉そうに何言ってるんだ！」と、発言自体を全否定されてしまうこともあるでしょう。

こうなってしまうと、お互いに歩み寄りなど見込《みこ》めるはずがありません。

こうしたことを恐《おそ》れるがゆえに、みなさんもなかなか本音が言えないのではないでしょうか？　とくに最近は、人間関係の中で「場を読む」とか「空気を壊さない」といったことが求められ、仮に「何か違うな」と感じても、つい耳触《みみざわ》りのよい言葉や、事なかれ主義の対応で済ませようとしてしまいがちです。

しかし、安易に謝ったり同調したりして場の空気を壊さなかったとしても、決してチームを強くすることにはつながりません。

それどころか、見ないふりをしてやり過ごしたはずのチームメイトのフラストレーションは、時間の経過とともにますます膨張《ぼうちょう》し、いずれまた何かのきっかけで堰《せき》を切ったように噴出するでしょう。そうなってしまうと、チームを崩壊の危機に追いやってしまう恐れもあります。

したがって、強いチームを目指すなら、〝場を読んではダメ〟なのです。

むしろ、186ページでお話しした〝チームを前後左右に揺さぶる〟チャンスと考え、こちらも本音でぶつかっていきましょう。

こうして本音の議論を粘《ねば》り強《づよ》く続けていくことで、やがてチームの中心軸《じく》（＝断固たる決意）がはっきり見えてくるというのは、すでにお話しした通りです。

「YOU《あなた》」ではなく「I《わたし》」を主語にして本音を語る

さて、野呂くんに不満をぶつけられた将は、いったいどうしたでしょうか？

黙って野呂くんの言葉を聞いていた将は、しばし沈黙したあと、星空を見上げながら、まるで自分に問いかけるように切り出しました。

『ボールをけってるだけで幸せなのに　どうして勝ちたいんだろうね？』『ただ好きなだけじゃ満足できない　自分の熱《きもち》がどこまで続くのかたしかめたい…そういうぶつかり合いがしたくて　勝ちたいんだと思う……』（第7巻60〜62ページ）。

これは嘘偽《うそいつわ》りのない、将自身の本音です。

野呂くんの意見に同調するわけでも否定するわけでもなく、「ただ、勝ちたいんだ」という、ありのままの気持ちが言葉として表れています。そこには、野呂くんとの関係をうわべだけ取《と》り繕《つくろ》おうという意図《いと》など、どこにもありません。

将が口にした「自分の熱《きもち》」とは、断固たる決意にもとづく〝本気の火〟を意味しています。それが勝利を目指す抑《おさ》えがたい衝動となって将自身を突き動かし、〝仲良し集団〟のまま現状にとどまることを拒《こば》んでいるというわけです。

ちなみにこのとき、将は相手を傷つけることなく、見事に本音を伝えていることに気づいたでしょうか？

相手に何かを伝える場合、つい「あなたは〜と言うけど」「君に〜と言われたくない」「お前の考えは……」など、「YOU《あなた》」を主語にしがちです。しかしこれでは、相手を否定することになり、対立が起こりやすくなってしまいます。

一方、将のように「私は〜と思う」「私は〜したい」「僕の気持ちは……」「俺がやりたいの

将は「自分の熱《きもち》」という言葉を使って、
「断固たる決意」に対する覚悟を野呂くんに伝えている。
『ホイッスル!』第7巻 62ページ

は……」など、「I《わたし》」を主語にした場合は、自分の気持ちや考え方を話すわけですから、相手を否定することなく、穏《おだ》やかに話を進めることができます。

このように、主語を変えるだけでもずいぶんと印象が違ってきます。みなさんも本音を伝えるときは、少し意識してみてください。

「責任を果たす」という覚悟の上で本音をぶつける

現実問題として、たとえば実力的に劣る二軍の選手が、一軍の選手に対して「もっと本気で取り組め」と言うのは、気が引けてしまうでしょう。

また、レギュラーが控えの選手に「もっとしっかり俺たちをサポートしてくれ」と注文をつけるのも、「悪いな」と感じてしまうだけに、言い出しづらいものです。

それでも、断固たる決意ができているチームでは、どんな立場であっても厳しい意見を積極的に口にするでしょう。理由は「だって、俺たち強くなりたいから」で十分です。

反対に、本音を言うのが「気まずい」とか「怖《こわ》い」などと感じていれば、それはまだチームに本気の火が灯《とも》っていない証拠です。

ただし、言った側の人間にも、必ず責任が生じるということを忘れてはいけません。仮に「言ったら言いっ放し」の状態では、苦しい場面をともに戦い抜く信頼関係や絆《きずな》など、決して築《きず》くことはできないでしょう。

たとえば、チームメイトに「もっと本気で取り組め」と言うからには、あなたはそれ以上に努力する必要があります。同じように、控え組やスタッフに「しっかりサポートしろ」と言うなら、自分たちも試合に勝つために全力を尽《つ》くさなければいけません。

断固たる決意のもと、一緒に高い目標を目指して努力するというのは、つまりそういうことなのです。

だからみなさんも、本気でチームを強くするために「こうしてほしい」と思うことがあるなら、勇気を出して仲間に本音をぶつけてみてください。

しばらくの間、関係がギクシャクすることもあるでしょう。それでも、相手に対して思いやりを持ってその役割を理解し、自分も責任を果たす覚悟さえあれば、やがて両者の関係は、以前よりも強い絆で結ばれるはずです。

それが「人間関係の超回復《ちょうかいふく》」です。

もがき苦しんだ末に手にする強い絆

ここで少し、「超回復」について補足しておきましょう。

もともとこの言葉はトレーニング用語です。

みなさんは、なぜ筋力トレーニングをすると筋力がアップするのか、その理由を知っていますか？　その秘密を解《と》くカギが「超回復」にあるのです。

驚くかもしれませんが、ハードな練習や筋《きん》トレなどで強い負荷《ふか》がかかると、筋繊維《きんせんい》はダメージを受けて破壊されてしまいます。しかし、筋繊維は休息をとっている間に修復され、以前よりも強い筋肉を再合成しようとする性質を備《そな》えています。

そういうわけで、強い負荷をかけていったん筋繊維を破壊し、「超回復」を起こすことで筋力アップを図《はか》るというのが、筋トレの狙《ねら》いなのです。

では、これを人間関係に置《お》き換《か》えて考えてみましょう。その場合、「筋トレ」にあたるのは何だと思いますか？

それは「本音を突き合わせる作業」です。

したがって「人間関係の超回復」というのは、チーム内で厳しい意見をぶつけ合った結果、たとえ一時的に関係がギクシャクしたとしても、時間をかけて修復に向かうことにより、以前に比べて結びつきが強くなることを言うのです。

しかし、人間関係を一度壊すわけですから、そう簡単に修復できるわけではありません。

実際、野呂くんも、将に本音をぶつけられたことで、『ぼくがいるとみんなに迷惑がかかる』と思い込んでしまい、岩工戦を最後にサッカーを辞《や》めようと決意し、退部届けをバッグに忍《しの》ばせて試合に臨《のぞ》んでいましたね？

しかも、前半終了間際にはオウンゴールという重大なミスを犯《おか》してしまい、『しょせん　ぼくにはムリだったんだ』というところまで追《お》い詰《つ》められてしまいます。

しかし、ハーフタイム中に、不破は『桜上水が生きる（勝つ）には　お前のがんばりが必要なんだ！』『サッカーは一人じゃできない　みんなでやるものなのだろう？　俺は風祭からそう聞いた』と、彼なりに本音を伝えました（第7巻116～117ページ）。

信頼関係を築くためには、まず自分から相手を信用する――。
不破もまた、自分なりに葛藤した末に答えを見つけ出した。
『ホイッスル!』第7巻 161ページ

こうして野呂くんは、試合を通してもがき苦しんだ末に、「仲間と一緒にプレーしているんだ」と思い直し、『ぼくがぬかれても　不破先輩がいる　だから思いっきり守れる！』と、完全に思考を切《き》り替《か》えます。

一方、不破も野呂くんを信じることで素晴らしい連携プレーを発揮《はっき》し、見事にピンチを切り抜けました（第7巻160〜161ページ）。

こうして桜上水中は一時のギクシャクした関係を吹《ふ》き飛《と》ばし、信頼という絆を手にすることができたのです。

早稲田実業《わせだじつぎょう》・斎藤《さいとう》投手と白川《しらかわ》捕手の〝決意〟

次に「人間関係の超回復」の実例を紹介しましょう。

二〇〇六年、夏の甲子園で早稲田実業を初優勝に導いたハンカチ王子こと、斎藤佑樹《ゆうき》投手と、その女房役を務《つと》めた白川英聖《ひでまさ》捕手とのエピソードです。

じつは白川捕手は、前年の六月まで斎藤投手と同じピッチャーとして登録されていました。つまり二人はライバル同士だったわけですが、斎藤という絶対的なエースの存在のもと、白川選手は捕手転向を言い渡されます。しかし彼は急造《きゅうぞう》の捕手だっただけに、キャッチングの技術がともなわず、とくにワンバウンドの球をうまくキャッチすることができなかったそうです。

目標が「甲子園出場」であれば、なんとか勝ち抜けたのかもしれませんが、日本一を目指す早実にとっては、絶対にクリアすべき課題でした。とくに低めの変化球が生命線の斎藤投手にとって、投球がワンバウンドするたびに後逸《こういつ》されていては、思い切り決め球を放ることができません。

そこで斎藤投手は、白川捕手に「俺たち甲子園で優勝を目指してるのに、そんなんじゃ甲子園出場も危《あや》うい」「去年のキャッチャーは一球も逸《そ》らさなかった」と言い放ったそうです。

このとき、白川捕手の胸中《きょうちゅう》はいかばかりだったでしょうか？　もちろん、いい気はしなかったでしょう。実際、それから長いこと、斎藤投手と目を合わせられなかったと語っています。

仮に「断固たる決意」ができていなかったら、おそらく白川捕手はチームの目標よりも自分の都合を優先させ、投手から捕手へコンバートされたとき、あるいは斎藤投手から本音をぶつけられたとき、いずれも「チームの方針がおかしいんじゃないか」「偉そうに言うな」「急造なんだから仕方がない」などと、うまくいかない理由を自分以外に求めたかもしれません。そこで気持ちが折れてしまうことだって、十分に考えられたでしょう。

また、多くの人がやってしまいがちなパターンであり、しかもチームを最悪な状況へと導いてしまうのは、ほかのチームメイトに斎藤投手への不満をまき散《ち》らすという行為です。

でも、彼はそうしませんでした。

そんな白川捕手を支え続けたのが「絶対に甲子園で優勝する」という断固たる決意です。そこさえブレなければ、あとは「これをやる（キャッチングの技術を磨《みが》く）しかない」という選択肢が残るだけでしょう。実際に冬から春にかけて、白川捕手は全身アザだらけになりながらも、必死で練習を重ねたといいます。

つまり、本気で日本一を勝ち取りたいのか、そうではないのか？

あるいは、「やる」か「やらない」か？

断固たる決意が揺らぐときに突きつけられるのは、常にその二択です。

もちろん、斎藤投手も厳しい言葉を突きつけたからには、自分もベストを尽くす必要があります。

じつは斎藤投手の弱点は、連投がきかないピッチングフォームにありました。そこで彼は、春の選抜敗退後、たった三カ月でフォームを改造するという、常識では考えられないようなことをやってのけたのです。

そして、夏の甲子園――。

斎藤投手は、決勝戦の再試合まで四日連続の四連投、通算では、じつに九百四十八球を投げ抜きました。一方、白川捕手は斎藤投手の球に必死に食らいつき、栄光を手にするその瞬間まで、ついに一球も後ろへ逸らさなかったのです。

彼らのひたむきかつ凄《すご》みを感じさせる姿は、今もなお全国の高校野球ファンの脳裏《のうり》に焼きついていると思います。

ちなみに、優勝旗を手にした斎藤投手は、白川捕手を評してこう言ったそうです。

「今までのキャッチャーの中で、一番信頼できる」

これはお世辞《せじ》でも何でもなく、本心から出た言葉でしょう。

このエピソードは、「断固たる決意」にもとづく高い目標が選手の成長を促《うなが》し、結果的にチーム全体の底上げにつながったことを証明しています。

そして本音を言い合える関係が「人間関係の超回復」を生み、最終的に最高の形で太い絆を生んだという事実も、忘れずに付け加えておかなくてはいけません。

太い絆を随所《ずいしょ》で作れば、やがて成熟した「マイチーム」となる

人間関係の超回復というのはつまり、断固たる決意のもとに本音を突き合わせた結果として手にする、何物にも代えがたい大切な絆と言えるでしょう。

また、本音を突き合わせる作業というのは、前章でお話ししたように、チームを前後左右に揺する作業にあたるわけですから、人間関係の超回復を繰《く》り返《かえ》し起こしていけば、ますますチームの中心軸が定まっていきます。

それだけではありません。

「断固たる決意」をチーム全員で共有し、「人間関係の超回復」を随所《ずいしょ》で起こして太い絆を作り上げていけば、やがてチームビルディングの最終形態となる、成熟した「マイチーム」へと変貌していくのです。

それはいったい、どんなチームのことを指すのでしょうか？

詳《くわ》しくは、次の章でお話しすることにしましょう。

このチームで勝《か》ちたい!
勝《か》つのは…
ハァ
俺《おれ》たちだ!
勝《か》つのはぼくたちだ
桜上水《さくらじょうすい》!
勝《か》つのは俺《おれ》たちだ!

［第11章］マイチーム

勝つチームとは？

勝利にすべてを捧《ささ》げる成熟した集団――

チームがどんなに劣勢《れっせい》に立たされても、
最後まであきらめず「それでも勝つのは俺たちだ」と信じ、
全員が勝利に向けて自らの為《な》すべきことを探し出し、実行する。
それがすべてのチームが目指すべきマイチームです。

「チーム＝劇団」と考えて〝役割〟を果《は》たす

チームスポーツでは、一人だけで勝利をつかむことはできません。

また、勝利はチームの中心選手だけで手にするものでもありません。

勝利はもちろん、敗北だって全員のものですから、チームは運命共同体と言えるでしょう。

したがって、試合に出ているレギュラー選手と控《ひか》え選手との間に、気持ちの面で熱さの違いがあってはいけないのです。

チームワークを語るとき、一般的によく使われる〈One《ワン》 for《フォー》 all《オール》, All《オール》 for《フォー》 one《ワン》.（一人はみんなのために、みんなは一人のために）〉という言葉は、みなさんもよく知っていると思います。

では、この〈all《みんな》〉という言葉は、いったい誰を指しているのでしょう？

答えは「チーム全員」です。

ただし、この場合の「全員」とは、フィールドに立っている十一人のレギュラー選手のことだけでは決してありません。

たとえ百人以上いるような大きなチームでも、控えの選手やマネージャー、監督、コーチ、スタッフにいたるまで、すべての人が一つの目標を目指す仲間です。

同じチームの中には、レギュラーとして試合に出る選手もいれば、試合中はスタンドから応援している人もいます。その中で、自分と同じ役割を担《にな》ったメンバー同士は比較的スムーズに話をしやすいものですが、「役割」や「立場」が違うと、途端《とたん》に本音で話すのは難しくなってしまいます。

一軍とそれ以外の選手では、練習メニューや練習量に差が出てくることもあるでしょう。チーム全員が均等に時間と場所を使えるわけではないのですから、これは仕方がありません。

でも、そうした違いを超えて、気持ちは一つになっていますか？

レギュラーの選手は、それ以外の選手やスタッフのことを見下《みくだ》したりしていないでしょうか？　逆に、控えの選手は、レギュラーとして試合に出ている選手のことを一段上に見たりしていないでしょうか？

たとえば、こう考えてみてください。チームというのは、一つの舞台を一緒に作り上げる劇団です。その中で、レギュラーの選手は、舞台に立つ役者にあたります。「観客を感動の渦《うず》に巻《ま》き込《こ》む」という才能があるため、出番が与《あた》えられているのです。その代わりに「チーム全員の努力を観客に伝える」という責任も負っています。

ただし、主役ばかりをそろえても、劇は成立しないでしょう。舞台を引《ひ》き締《し》めるためには、脇役《わきやく》の存在が欠《か》かせません。さらに、脚本家や演出家をはじめ、振付師、大道具さん、小道具さん、音響さん、照明さんなど、一人ひとりが「素晴らしい舞台を作り上げる」という目標に向かって、それぞれの役割に全力を尽《つ》くしています。

こうして全員が努力を積《つ》み重《かさ》ね、役割を果《は》たすことで、はじめて観客を感動へ導くことができるのです――ここまでの話を聞いて、きれい事だと思うでしょうか？

私の仕事は、トレーニングを任《まか》されたチームを強くすることであり、勝たせることです。結果が出なければ、次の年の契約はありません。

プロなのですから、それは当たり前のことなのですが、ここでみなさんに知っていただきたいのは、こうして結果が求められるという環境の中で得た教訓が、「控えの一人ひとりまでが自分の役割に誇《ほこ》りを持たない限り、勝てるチームにはならない」ということです。したがって、これはきれい事などとは程遠《ほどとお》い、私の本音なのです。

では、その具体的な例を、私の実体験からお話ししましょう。

私がまだアメリカの大学院に留学していた頃《ころ》、「メンタルトレーニングを取り入れたい」と言って、熱心に日本から電話をしてくる学生がいました。

甲子園出場校のキャプテンだった彼は、その後、野球の名門大学に進み、キャプテンとなってチームをリーグ優勝へと導きます。しかも、このチームは輝かしい戦績だけではなく、学長の耳にまで「チームのたたずまいが素晴らしい」という評判が届くほど、立派な集団に育ちました。

では、この名主将、どのポジションを守っていたと思いますか?

じつは高校でも大学でも、彼は控えの選手でした。

もちろん、彼はレギュラーやエースの座を勝ち取るために、人一倍練習を積む選手でしたが、試合ではベンチの中からチームを鼓舞《こぶ》し、まとめ上げていたのです。その他の選手はみな、「彼なくしては、優勝はあり得ませんでした」と口にしていました。

このように、四番でエースでなくとも、勝利に貢献《こうけん》することは十分にできますし、強いチームを作ることができるということを、みなさんもぜひ知ってください。

心から愛するチームのために、もっとはっきり物を言おう

話をサッカーに戻しましょう。

断固たる決意のもと、全員で一つの目標に向かうためには、一人ひとりの役割を、それぞれが全《まっと》うする必要があります。その意味では、レギュラーだって一つの役割に過ぎません。

ファンタジスタと呼ばれるような華《はな》やかな選手だけでなく、相手のチャンスの芽をことごとくつぶす選手、大声を出してディフェンスラインをコントロールする選手、とにかく豊富な運動量でフィールドを駆《か》け回《まわ》って味方をフォローし続ける選手、それぞれに自分の役割をしっかりこなすことが求められます。

また、勝負どころでスーパーサブとして出ていったり、控えとしていつでも出られる準備を整えておいたり、あるいは一生懸命《けんめい》ベンチで応援したりすることも、大切な役割でしょう。

さらに、ボールの空気入れやグラウンド整備、シューズ磨《みが》きなどの裏方仕事を自分から積極的に引き受けたり、毎日真面目《まじめ》に練習に取り組んだりすることで、チーム全体に好影響を与えている選手は、チームに欠かせない存在です。

もっと目を広げてみましょう。たとえば大学チームでは、学生のコーチングスタッフやマネージャーもいますし、次の試合のために一生懸命スカウティングに励《はげ》む選手もいます。

では、いったい誰が、どんな役割が、チームにとって最も重要なのでしょうか?

答えは「みんな<all>」です。

さきほど紹介した、チームをリーグ優勝に導いた名主将のチームでは、みな「キャプテンの彼なくしては優勝はありえなかった」と口にしたと言いました。が、同時にまた、彼のチームメイトは、そろって「彼だけでも優勝はできませんでした」とも口にしました。

チーム全員が自分の役割を自覚し、それに誇りを持って全力で取り組んだからこそ優勝を勝《か》ち得《え》たのだという一人ひとりの自信と自覚が、その言葉には込められています。

あなたは今、どんな立場で、どんな役割を担っていますか？　そして、その役割の価値を理解し、誇りを持って取り組んでいるでしょうか？　<One for all, All for one.>というのは、「一人ひとりの役割はすべて重要である」ことを意味します。そして同時に、「その役割に全力を尽くせるか？」と、チーム全員に問いかける言葉でもあるのです。

私から見れば、控えの選手や二軍の選手たちは、自分たちがチームにどれほど大きな影響を与えているか、当の本人たちがわかっていないことが多すぎます。控えの選手がはっきりと物を言えないということは、自分からレギュラーが偉いと認めてしまっていることと同じです。

もっと自分の力を自覚し、誇りを持つべきです。

自分たちのチームだけが特別に三十人、四十人で戦えるわけがないのですから、ルールブックに則《のっと》って、全員の中から十一人が選ばれるのは当然です。

しかし、これだけは、はっきりと言えます。

レギュラーから控えの選手まで、一人ひとりの精神面が充実しているチームは、間違いなく強くなります。心からチームを愛するからこそ、たとえ裏方の仕事でも心を込めることができますし、もっと強くなるために本音をぶつけることを〝自分の役割〟と考えることができるのです。

反対に、控えの選手が精神的に弱いチームは、最終的に強くなることができません。

〝自分の役割〟は上下関係さえ飛び越える

これは、私がトレーニングをしていた大学チームでの出来事です。

ある大会のカギを握る試合で、日本代表にも選ばれていた選手が集中力を欠いたプレーをしました。少なくとも、毎日一緒に汗を流している周りの目からは、そう見えました。

その試合が終わって、宿舎に帰ってきた夜のことです。

ある下級生が、その日本代表選手の部屋にやって来て、怒りを抑《おさ》えられずに進言しました。

「今日の先輩のプレーには納得できません。どうしてミスをしたあと、ボールを追わないんですか！　一生懸命ボールを追うだけなら、僕にだってできます。チームのみんなを代表して、あの場に立っているんだから、もっと真剣にプレーしてください!!」

控えの選手にここまで言われた上級生は、その場では何も言い返せませんでした。

しばらく両者はギクシャクとした関係が続いたのですが、翌日の練習以降、その日本代表選手の目の色が、明らかに変わりました。

その後、このチームは見事に優勝の栄冠《えいかん》を勝ち取り、優勝パーティーで二人は嬉《うれ》しそうに話をしていました。もちろん、すでにお酒の席の笑い話になっていますが、私にはこの下級生の必死な姿が、今でも目に浮かびます。

上下関係の厳しいチームだっただけに、上級生に対してこんなことを口にするのはかなりの勇気が必要でした。そんな恐怖に近い感情を飛び越えられた理由は、ほかでもありません。下級生にとって、〝チームが強くなるために、今の自分にできること（＝自分の役割）〟と考えたのが、まさにそれ（＝上級生に本音をぶつけること）だったからです。

これが「マイチーム」となった組織の論理です。

チームの勝利につながる〝仕事〟を自分で探し出す

チームが強くなるために、一人ひとりが〝今できること（＝自分の役割）〟を探し出して全力を尽くす――それが本章のテーマである「マイチーム」です。

『ホイッスル！』の中にも「チームの勝利のために」という、ただその一心で、ひたすら献身《けんしん》的に働いていた人物がいます。みなさんは覚えているでしょうか？

将たちが東京選抜の合宿に招集《しょうしゅう》され、チームを留守にしていたときのことです。桜上水中は西園寺監督が率《ひき》いる飛葉中を破り、見事に予選突破を果たしました。しかし、本大会まではまだ時間があるとはいえ、チーム内には緊張感がなく、ダラけた雰囲気《ふんいき》が漂《ただよ》っていました。

そんな様子を敏感に察知したのは、マネージャーの小島有希《こじまゆき》さんでした。彼女は『だらしないわよ男子!!』『こんな調子じゃ3人が戻ってきても勝てやしないわ！　恥《はじ》かく前に辞退した

マイチームとなった集団の中では、
勝利を目指すために、本音のぶつかり合いが随所《ずいしょ》で起きる。
『ホイッスル!』第13巻 72ページ

ら?』と、気の強い彼女らしい言葉でチームを鼓舞しました（第13巻72ページ）。

そんな小島さんの行動を見て、松下コーチも『カツを入れようと思ったんだが　その必要はなさそーだな』と、つぶやきます。

ほかにも地区予選の二回戦では、自分勝手なプレーに終始《しゅうし》した水野に対して『なんなの今日の試合　どういうつもりよ』と、ポイズンをまき散《ち》らす選手（139ページを参照）であるはずの彼に対して、臆《おく》することなく本音を叩《たた》きつけます（第8巻104ページ）。

さらに、雨の中で行われた洛葉中戦では、ハーフタイム中に控えの選手や夕子《ゆうこ》先生の協力まで求めて、試合に出ている選手全員のシューズにこびりついた泥を必死で落としていました（第8巻196〜197ページ）。

いずれのケースでも、誰かに何かをやれと言われたわけではありません。

マイチームとなった集団では、マネージャーでさえ、心から愛するわがチームがうまくいかない様子には、我慢《がまん》できなくなるのです。ピンチだからといって、落ち込んで下を向いてなどいられません。

「何としてでもチームに勝ってほしい」と思うがゆえ、自発的に〝今できること（＝自分の役割）〟を探し出し、自ら進んで実行するようになっていくのです。

このように、強いチームというのは、一人ひとりが自分の役割を自覚しています。たとえどんな危機に瀕《ひん》しても、全員がそれぞれの立場で柔軟《じゅうなん》に対応し、〝今、チームに必要なこと〟を自ら考えて実行に移せるため、結果的にチームとしても粘《ねば》りが出てくるのです。

それがいいチーム、強いチーム、勝つチームであると、私は思います。

家族にはできることがなぜチームではできないのか?

一方、マイチームに至《いた》っていない集団の例を紹介しましょう。

たとえば、突然、一軍が遠征《えんせい》に出かけた場合、何が起きると思いますか?

これも私が実際にトレーニングしたチームでの出来事ですが、信じられないことに、残された選手の間で「誰が練習を見てくれるんだ?」というところから話し合いが始まったのです。そして「誰かがやるだろう」とか、「監督が連絡してくるんじゃないか?」などという他人任せの発言に終始していました。

私の率直な感想ですが、強くないチームほど、選手自身に「自分がチームを動かしているんだ」という意識が薄く、自主性が足りないという傾向があります。要するに「それ(=チームをまとめること)は俺の仕事じゃない」と、その場にいる全員が、自らチーム内に〝壁〟を作っているわけです。

みなさんは心当たりがないでしょうか?

もし「あるかもしれない……」と思った人には、私から質問しましょう。

仮に、あなたの実家が牛乳屋さんを営《いとな》んでいるとします。ある日、お父さんが事故に遭《あ》って入院することになりました。さて、こんなとき、あなたはどうしますか?

自分から「配達を手伝おうか?」と言うのではないでしょうか? 入院が長引けば「費用は

どうするんだ？」「俺や弟の学費は大丈夫か？」などと心配にもなるでしょう。

　このように、もし家族が困っていれば、〝今できること（＝自分の役割）〟を自分で探し出し、できることは言われるまでもなく、自らやろうとするはずです。

　では、なぜチームでは、それと同じことができないのでしょうか？

　理由は自分の役割に、自ら境界線を引いているからです。あるいは、本音を突き合わせる作業を省略しているため、チーム内にまだ信頼関係が芽生《めば》えていないからだ、とも言えます。

　もっと話をさかのぼれば、断固たる決意ができていないため、チームの中心軸《じく》が見えていないことが、そもそもの原因です。

　つまり「チームの目標」よりも、「自分の都合」を優先しているわけです。

　チームビルディングは一朝一夕《いっちょういっせき》で完結するものではありません。家族関係と同じように、長い時間をかけ、一つひとつ積み重ねてきたものを経て少しずつ深化《しんか》し、お互いに信頼関係を築《きず》き上《あ》げていくものです。そして、その努力を怠《おこた》らずに継続した集団だけが、最強のチームワークを発揮《はっき》する「マイチーム」となっていくことができるのです。

　さきほど紹介したチームもまた、その後チームの中心軸《じく》を探す根気強《こんきづよ》い作業があり、各選手がマイチーム感覚を持つことができ、やがて最強のチームとなったことを付け加えておきます。

「チームとしてやるべきこと」を「自分がやりたいこと」の上に載《の》せる

　さて、「マイチーム」になると、どんなことが起こるでしょう？

みなさんもご存じのように、小島さんは選手志望ですが、男子チームの試合に出ることはできません。このように、チームの中では「自分がやりたいこと」と「やるべきこと」が一致しないことがよくあります。

小島さんの例は極端にしろ、努力を続けてもなかなかレギュラーになれないような場合、レギュラー陣よりも練習時間が限られたり、サポートに回らなくてはならなかったりと、不本意なことも多くなるでしょう。あるいは、レギュラーになれたとしても、希望のポジションにつくことはできないといったこともあります。

たとえば、前章でお話しした早実の白川捕手のように、本当はピッチャーとして甲子園に出場したかったけれど、斎藤佑樹という絶対的なエースがいたため、キャッチャーへコンバートされたといったケースが、これにあてはまります。しかも彼は急造《きゅうぞう》キャッチャーだったにもかかわらず、いきなり甲子園優勝レベルのキャッチング技術を求められたのですから、相当なプレッシャーを感じていたでしょう。

そのときあなたは小島さんや白川捕手のように、たとえ最初は激しい葛藤《かっとう》があったとしても、最終的には「自分の都合（＝やりたいこと）」を差し置いてでも「チームの都合（＝やるべきこと）」に徹《てっ》し、さらにそれを「自分の役割」と考えて全《まっと》うすることができるでしょうか？

このとき、問題になってくるのは「自分たちがどこまで目標に対して本気であり、どこまで決意できているか」ということです。断固たる決意ができていないチームは、すぐにここが揺《ゆ》らいでしまいます。結局、何が何でもチームで掲《かか》げた目標を達成したいのかどうか、というところに立ち返ってきてしまうのです。

一方、すでにマイチームとなった集団では、全員で一つの目標に向かう覚悟ができていますので、迷うことなく「チームの都合」を優先できるでしょう。

ただし、それは決して「チームのために自分を犠牲《ぎせい》にする」ことではありません。

仮にあなたが、後半の途中からFW《フォワード》として投入される、いわゆるスーパーサブとしての役割を与えられた場合、「なんで俺がスタメンじゃないんだ」と腐《くさ》ってる暇《ひま》などありません。チームとして「やるべきこと」は、疲れの見えてきた相手ディフェンス陣を切《き》り裂《さ》くドリブル突破だったり、あるいはファーストタッチやセカンドタッチでゴールに結びつくようなプレーなどと明確になっているだけに、普段からその準備をしておかなくてはいけないからです。

ここで大事なことは、チームの勝利のために「やるべきこと」に集中して練習したほうが、じつは選手としてのレベルも確実に上がっていくという事実です。

パスにしても、フェイントにしても、あるいは基礎体力作りにしても、勝つために身につけるべき技術は無数にあります。その中で漠然《ばくぜん》と「うまくなろう」と足《た》し算《ざん》思考で努力するよりも、チーム内での役割を自覚して「このポジションで必要な技術は何か?」と逆算思考を働かせるほうが、「何のために」という意図《いと》のある質の高い練習ができるのです。

「個」をベースにして、チームの勝利よりも個人の都合を優先していると、自分の技術レベルが少し上がっただけで、ものすごくうまくなった気になってしまいます。

一方、「チーム」をベースにして「個」を伸ばしていくと、「何のために」という基準があるため、「何がどのくらい伸びて、あとどのくらい足りないのか」といったことまで、自分の中で明確になっていきます。

私はこれを〝頭の上にチームを載せておく〟という言い方をしていますが、メリットはこれだけではありません。

たとえば試合中、自分自身が前面に出ると、〝ここぞ〟という大事な場面で、どうしても怖《こわ》くなってしまうことが多くなります。しかし、チームを頭の上に載《の》せておくと、怖さよりもまず「チームのために」「みんなのために」という気持ちが上回るため、思い切ったプレーがしやすい――つまり、エッジに立ちやすくなる（第5章を参照）のです。

その際、失敗したり、技術の未熟さに気づいたりしても、「チームのために何度でも挑戦する」「チームのために必要な技術を身につける」と、割り切って受け入れることができるために、「ネガティブ・スパイラル（第7章を参照）」に入ることも少なくなります。

私がトレーニングしている大学チームを見ていると、四年生になってから急に伸びる選手がじつに多いのですが、それは現役として最後の年になると、自分自身が活躍することよりも「このチームで勝ちたい」という思いが強くなるためです。意識を変えた途端、自分自身の役割が明確になり、最終的に選手としてのレベルも上がっていくというわけです。みんな「もっと早く気づいていたら」と残念がりますが、いずれにしてもこのようにチームを頭の上に載せておくというのは、結局はうまくなるための近道となるのです。

これは何も、サッカーのスキルに限った話ではありません。

将が武蔵森の三軍で行っていたシューズ磨きが彼のライフスキルを大いに高めたように、小島さんがマネージャーとして身につけたライフスキルもまた、高校に進んで本格的に選手として活動を始めたとき、必ず生きてくるに違いありません。

チームビルディングの最終段階で得られる「リスペクト」

頭の上にチームを載せておけば、最終的に「リスペクト」という感情も自然と湧《わ》いてきます。

チームスポーツというのは、同じタイプの選手がそろっていても勝てません。いろいろなタイプがいるからこそ多様性が生まれ、さまざまな場面に対応することが可能となり、結果として勝利を手にすることができるのです。

みんな違っていて当然だし、みんな違っていいのです。

その中で、それぞれが自分に与えられた役割を果たし、それをお互いに認め合いながら高め合っていくことで、チームは強くなっていきます。当然、技量《ぎりょう》の劣《おと》る選手もいるでしょうし、うまい選手がミスをすることだってあります。

チームビルディングの初期段階では、それを互いに責め合ったり、不満や文句が出たりすることもあるでしょう。

しかし、「断固たる決意」のもと、繰《く》り返《かえ》し本音を突き合わせていけば、「人間関係の超回《ちょうかい》復《ふく》」が起きて強い信頼関係が築かれるとともに、それぞれが自分の役割を懸命《けんめい》に果たそうとしていることに気づくはずです。そうすると、技術が上手とか下手とかは、関係なくなっていきます。

足《た》りないものを必死に自主練習で補《おぎな》おうとする選手、チームの勝利に向けて、より基準を上げようとする選手などが出てきます。こうした姿勢はチームメイトにも確実に伝わります。

このような作業を積み重《かさ》ねていくと、やがてお互《つ》いの間に「リスペクト」の感情が芽生《めば》えてきます。

リスペクトする人たちと練習するので、もちろんいつも自分のベストを尽《つ》くそうという感情が生まれます。そうなると、心地よい緊張感とともに、質の高い練習となり、自然とチーム力は上がっていきます。

ここで言う「リスペクト」とは、単純に「偉い人を尊敬する」という狭《せま》い意味ではなく、「相手の価値を認める」「相手の存在を尊重する」など、もっと広い意味を含《ふく》んだ言葉です。

じつはこの「リスペクト」は、【揺らがないセルフイメージ】を育てるためにも、欠かせない要素なのです。

たとえば「相手を尊重する」というようなとき、メンタル面は必ずよい状態になっているでしょう。つまり、「チームのため」と思うだけで心が元気になり、セルフイメージを大きくすることにつながるというわけです。

マイケル・ジョーダンは引退する際、「選手として一番大切なスキルは?」と問われ、「相手をリスペクトすること」と答えています。彼は「リスペクトする」という思考や感情が、自分のセルフイメージにとって、とても重要な意味を持つことをよく理解していたのでしょう。

リスペクトの感情は自分にプラス効果をもたらす

もちろん、リスペクトの効果は、チームメイト同士だけに限りません。

たとえば武蔵森学園のキャプテン渋沢《しぶさわ》は、春の大会で圧倒的な強さを見せつけて都大会優勝を勝ち取ったあと、地元新聞のインタビューで『地区予選の一回戦で戦った桜上水中　あそこに勝てたから　後《あと》　勝てたようなもんですから…』と答えています（第4巻25ページ）。

また、同じく武蔵森学園のＦＷ藤代は、夏の大会が始まる前、わざわざ桜上水中のグラウンドに乗り込んできて練習に参加し、ひとしきり汗をかいたあと、『ぜったい　勝ち上がってこいよ！』と、励ましの言葉を贈《おく》りました（第6巻107ページ）。

冷静に考えると、武蔵森学園と桜上水中との間には、やはり埋《う》めがたいほどのレベルの差があります。しかも渋沢と藤代は、いずれもジュニア選抜としても名を連《つら》ねるほどの実力の持ち主です。それでも、こうしてごく自然に敵チームをリスペクトできる――どうやらこのあたりにも、武蔵森学園の強さの秘密がありそうです。

もし弱いチームを見下していれば「なんでこんなチームと俺たちがやる必要があるんだ」と考えてしまうため、試合が始まる前からセルフイメージは小さくなってしまいます。しかもその格下《かくした》だと思っていたチームに先制点でも奪《うば》われようものなら、途端に「どうしてこんなやつらに！」と慌《あわ》ててしまい、どんどんセルフイメージは縮小していくに違いありません。

また、対戦相手が強いチームだからといって萎縮《いしゅく》してしまった場合も、同じことが起こりま

武蔵森の渋沢や藤代は、格下の桜上水中に対しても
リスペクトの感情を持って接しているからこそ、
常にセルフイメージを大きく保っておくことができる。
『ホイッスル!』第6巻 107〜108ページ

す。

相手をリスペクトしていれば、どんなチームと対戦することになっても「相手に対して全力を出さないのは失礼」と考えるため、絶対に手を抜くことはないでしょう。リスペクトする気持ちを大事にしていれば、相手が強いとか弱いとか、調子がいいとか悪いとか、そんなことは関係ありません。どんな相手と対戦しても感情がブレない。セルフイメージも揺らがない。だから強いのです。

それだけではありません。じつは心理学的に言うと、「相手に与える」という行為そのものが、自分のセルフイメージを大きくしてくれるという法則があるのです。それはリスペクトという、目には見えない感情であっても同じことです。

ただし、その際に「相手に感謝してほしい」「喜んでもらいたい」「自分も尊重してほしい」などと見返りを求めるのは禁物《きんもつ》です。なぜなら、それは自分ではコントロールできない「相手の感情」に期待することになるため、結果的にセルフイメージが縮小してしまうからです。

ただシンプルに「相手をリスペクトする」、それだけでよいのです。

チームメイトであれ、対戦相手であれ、相手をリスペクトするのは、自分の頭の中で〝思う〟だけでいいのですから、いつでもどこでも実行できます。

相手をリスペクトし、常に全力でプレーすることで、一番得をするのは誰でしょうか？

そうです、あなた自身です。

相手に対して愚痴《ぐち》を言ったり、文句を言ってみても、相手にダメージを与えることはできません。こちらのセルフイメージが小さくなっていくだけです。

同じエネルギーを使うなら、ライバルにマイナスのパワーを送るよりも、相手をリスペクトして、自分自身にプラスのパワーをもらうことを考えましょう。そのほうが簡単だし、確実に効果があります。第2章で「目標を使う」というお話をしましたが、同じようにリスペクトも自分のために〝使って〟ください。

お互いのリスペクトによって支え合う成熟した集団は、どういうわけか口をそろえて「俺たちが負けるわけがない」と言います。

この感情のことを、私は「マイチーム感」と呼んでいます。

みなさんは、チームが劣勢《れっせい》に立たされたとき、「それでも勝つのは俺たちだ」と信じ、試合終了を告げるホイッスルが鳴り響くその瞬間まで、全員があきらめず「マイチーム感」を携《たずさ》えて戦い抜くことができるでしょうか？

<One for all, All for one.>の本当の意味を理解し、いつかそんな信頼と尊敬で結ばれた素晴らしい「マイチーム」に成長できるよう、普段の練習から〝今、自分にできること（＝自分の役割）〟を自分で見つけ出し、精いっぱいの努力を注《そそ》ぎ込《こ》んでください。

エピローグ

本書では『ホイッスル！』のストーリーをもとに、「勝つ思考」について、スポーツ心理学の観点からお話をしてきました。

ここまで読んできた方ならすでにおわかりのように、〝心のスキル〟を磨《みが》いていけば、誰でも「なりたい自分」になれるはずです。

元日本代表の三浦泰年さんは、現在、少年サッカーチームやトレセンで監督をしていますが、実際にチームの子どもたちに「あきらめなければ誰でもプロになれるんだ」と、本気で指導をしています。「ただし、時間は無限にあるわけじゃない。たとえば十八歳までにプロになりたければ、あとは時間軸《じく》との勝負だ」と言っています。

将来の目標から引《ひ》き算《ざん》をして「今日やるべきこと」を設定し、毎日の練習に全力で取り組めば、誰だってプロになれる。ただ、今何歳で、どんなスキルを持っているかによって、一日にやるべきことの種類や量が変わるだけだ――泰年さんが子どもたちに語っている内容は、まさに第1章で紹介した「逆算《ぎゃくさん》思考」です。

「ブラジルでプロになる！」という強い決意を胸に、高校一年生で単身ブラジルへ渡った弟の三浦知良《かずよし》選手の姿を誰よりも近くで見ていただけに、「プロになれないのは、体力や技術の問題以前に、途中であきらめてしまうからだ」と断言する泰年さんの言葉は、とても説得力があります。「カズだって、最初からみんなが知っているようなカズではなかったよ。みんなの中にもカズはいるよ」というのが、泰年さんの口ぐせです。

「人間関係の超回復《ちょうかいふく》」の章でもお話ししたように、桜上水中のDF《ディフェンダー》野呂くんだって、あの場面で「もうサッカーなんて嫌だ！」と思ってあきらめてしまったら、そこですべてが終わっていたでしょう。それでも、真剣に悩み、苦しんだ末に、彼は「自分が失敗しても、仲間がいるんだ！」と自らを奮《ふる》い立《た》たせ、絶体絶命《ぜったいぜつめい》のピンチを切り抜けました。

『ホイッスル！』の最終巻には、水野やシゲはJリーガーに、天城はドイツでプロ選手に、高井はJFL（日本フットボールリーグ）のチームに所属しながら少年サッカーのコーチも兼任するなど、登場人物の未来予想図が掲載《けいさい》されています。

その中に野呂くんの名前はありませんが、彼が将来どんな道を選ぼうと、あのとき野呂くんが見せた〝失敗を恐《おそ》れず、一歩前に出る勇気〟は、彼の今後の人生において、必ず大きな財産として生きてくると、私は思います。

サッカーも人生も同じです。

野呂くんの例に限らず、あなたがサッカーを通して得たものは、その後の人生において確実に生きてきます。

たとえば、与《あた》えられた一時間という練習時間の間、ずっと集中し、目標に向かって精いっぱい努力することが身についている選手と、ダラダラと過ごすことが習慣になってしまっている選手とでは、サッカーを離れた日常生活の中でも、やはり差が出てきてしまうのです。

同じように、本書の中でお話ししてきた内容は、目標の〝使い方〟や、ピンチからの脱出法《だっしゅつほう》、チームワークの醍醐味《だいごみ》など、たとえ大人になってサッカー以外の道を選び取ったとしても、すべてそのまま活用することができるものばかりです。

つまり、サッカーでも人生でも、「勝つ思考」は同じなのです。

実際、私がトレーニングしたチームの選手には、レギュラーとしては活躍しませんでしたが、コーチやマネージャーとして一緒にチームビルディングにかかわることで「勝つ思考」を身につけ、ある人はビジネス界で、ある人は公認会計士に、またある人は大学での選手生活が終わったあと、再び受験して医学部に入って医師を目指し、ある人は教師として子どもの教育に携《たずさ》わるなど、スポーツ以外のさまざまな分野で素晴らしい活躍をしている人たちがたくさんいます。

みなさんには将来、望むと望まざるとにかかわらず、必ず実社会の中で競争が求められる場面がやってくるでしょう。そこで本気でぶつからずに逃げてしまったり、負けても悔《くや》しがらなかったりする人間にだけは、絶対になってほしくありません。

本書の「プロローグ」でも触《ふ》れたように、本気になるのは誰だって怖《こわ》いものです。それは本気で目標に近づこうとすれば、今の自分の未熟さを直視し、受け入れるところから始めなければならないからです。

それでも私は、かなえたい夢があるのに現状に満足してしまったり、「自分の実力はこの程度だ」とあきらめてしまってほしくはありません。なぜなら、常に前に進むための努力を惜《お》しまないほうが、断然、楽しいと思うからです。

選手たちがトレーニングの初期の段階でよく口にするのが、「生まれつきの性格だから変えられない」「これが自分の個性だから」という言葉です。しかし、たとえ持って生まれた人柄や個性は変わらなくても、考え方の習慣はトレーニングできる、変えられるのです。サッカーのスキルと同様に、心のスキルも成長するのです。

あなたが人生を楽しく、自分らしく送りたいと思うなら、本書で紹介した「勝つ思考」をぜひ身につけてください。

心の中に本気の火を灯《とも》し、目標に向かって〝今、この瞬間〟に全力を尽《つ》くす——そしてみなさんがサッカーだけではなく、人生においても勝利を手にすることを、心から願っています。

最後に、今までともにチームビルディングを行ってきたすべてのチーム関係者、選手たちに感謝いたします。

二〇〇九年七月吉日

スポーツ心理コンサルタント　布《ふ》施《せ》　努《つとむ》

［著者略歴］

布施 努（ふせ つとむ）

スポーツ心理学博士。（株）Tsutomu FUSE, PhD Sport Psychology Services代表取締役 、慶應義塾大学スポーツ医学研究センター研究員、NPO法人ライフスキル育成協会代表。早稲田実業高校、慶應義塾大学卒。高校時代は甲子園で準優勝、大学では全国大会で優勝。住友商事にて14年間勤務。
ノースカロライナ大学グリーンズボロ校大学院で応用スポーツ心理学専攻、博士号取得。プロ、アマチュアを問わず幅広いスポーツ選手、チームを指導。

Facebook「スポーツ心理学で勝つ」で情報発信中。
https://www.facebook.com/SPORTSforWIN/

［参考資料］

『With Winning in Mind: The Mental Management System』
　Lanny R. Bassham（Bookpartners）
『The Inner Game of Tennis』W. Timothy Gallwey（Random House Trade Paperbacks）
『早実vs.駒大苫小牧』中村 計/木村修一（朝日新書）
「君もプロになれる!!」中学サッカー小僧 2008秋冬版（白夜ムック Vol. 333）

「NHKスペシャル 熱闘612球～早実VS駒大苫小牧」（NHK）

ホイッスル!勝利学《しょうりがく》

2009年 7 月31日　第1刷発行
2021年12月11日　第5刷発行

著　者　布施《ふせ》 努《つとむ》
発行者　岩瀬 朗
発行所　株式会社 集英社インターナショナル
〒101-0064 東京都千代田区神田猿楽町1-5-18
電話 03-5211-2632
発売所　株式会社 集英社
〒101-8050 東京都千代田区一ツ橋2-5-10
電話 03-3230-6080(読者係)
03-3230-6393(販売部・書店専用)

印刷所　図書印刷株式会社
製本所　図書印刷株式会社

定価はカバーに表示してあります。
 ISBN978-4-7976-7189-6 C0075

勇気・希望、そして愛で人生に勝つ方法!

【勝利学シリーズ】

スラムダンク勝利学　辻 秀一・著

超人気漫画『スラムダンク』をテキストに「勝つための心理学」を講義する。

四六判変型　ISBN 4-7976-7024-X

キャプテン翼勝利学　深川峻太郎・著

日本サッカー必勝の鍵は『キャプテン翼』にある！　プロが語る観戦術。

四六判変型　ISBN 4-7976-7053-3

ヒカルの碁勝利学　石倉 昇・著

『ヒカルの碁』がもっとわかる！　現役プロ棋士が教える勝利の秘策。

四六判変型　ISBN 4-7976-7050-9

テニスの王子様勝利学　松岡修造・著

松岡修造が〝熱く〟教える、『テニプリ』完全攻略法。

四六判変型　ISBN 4-7976-7063-0

ROOKIES勝利学　吉野敬介・著

川藤、安仁屋、新庄を徹底分析。キミに生きる喜びを！挑戦する勇気を！

四六判変型　ISBN978-4-7976-7190-2

NANA恋愛勝利学　香山リカ・著

幸せになるためのヒントは、全部『NANA』に詰まっていた！

四六判変型　ISBN 4-7976-7131-9